DICIONÁRIO JURÍDICO DE REFERÊNCIA

Teoria, prática e crítica aplicadas ao Direito brasileiro

Fátima Miranda

Esta obra tem caráter informativo, técnico e educacional, não substituindo a atuação de profissionais habilitados nem a consulta às fontes oficiais do Direito.

Publicado no Brasil.

Autora: Fátima Miranda

DEDICATÓRIA

Dedico esta obra
a todos que acreditam que o Direito
só cumpre sua função quando é compreendido,
aplicado com responsabilidade
e orientado pela ética.

AGRADECIMENTOS

Agradeço a todos que, direta ou indiretamente, contribuíram para a construção deste trabalho, seja pelo incentivo, pela confiança ou pelo compromisso com o estudo sério do Direito.

Esta obra é fruto de pesquisa, prática e reflexão contínua.

APRESENTAÇÃO

O Direito brasileiro é vasto, técnico e, muitas vezes, apresentado de forma excessivamente hermética, o que dificulta sua compreensão e correta aplicação.

O **Dicionário Jurídico de Referência** nasce com o propósito de oferecer uma abordagem clara, objetiva e tecnicamente rigorosa dos principais institutos, expressões e conceitos jurídicos, sem abrir mão da profundidade necessária à prática forense e ao estudo avançado.

Esta obra não se limita à definição conceitual. Cada verbete foi construído com base na integração entre **teoria, prática e crítica**, buscando contextualizar o instituto jurídico, demonstrar sua aplicação concreta e apontar suas consequências no cotidiano profissional.

O dicionário foi pensado como instrumento de consulta permanente, apto a atender estudantes, concurseiros, advogados, magistrados, servidores do Judiciário e todos aqueles que lidam com o Direito de forma responsável.

Mais do que um compêndio de definições, esta obra pretende ser um guia de compreensão, reflexão e uso consciente do Direito brasileiro.

NOTA DA AUTORA – METODOLOGIA DA OBRA

Os verbetes deste dicionário foram elaborados a partir de criteriosa análise doutrinária, legislativa e prática, buscando equilíbrio entre precisão técnica e acessibilidade da linguagem.

Sempre que pertinente, os conceitos são acompanhados de explicações práticas, observações estratégicas e apontamentos críticos, com o objetivo de evitar interpretações equivocadas e facilitar a correta aplicação do instituto jurídico.

A organização alfabética permite consulta rápida, enquanto a estrutura interna dos verbetes foi padronizada para garantir uniformidade, clareza e segurança na leitura.

Esta obra foi concebida para servir como referência, sem pretensão de esgotar os temas abordados, mas com o compromisso de oferecer informação confiável, atual e útil à realidade do Direito brasileiro.

SUMÁRIO

LETRA A

AÇÃO RECISÓRIA

- **Conceito técnico-jurídico:** Ação autônoma de impugnação, de natureza excepcional, destinada a desconstituir decisão de mérito transitada em julgado, nas hipóteses taxativamente previstas em lei (erro de fato, violação manifesta a norma jurídica, prova falsa, incompetência absoluta, dentre outras).
- **Base legal**: Artigos 966 a 975 do CPC/15.
- **Enquadramento doutrinário**: Não é recurso, mas nova ação, com causa de pedir própria (o vício da decisão rescindenda) e pedidos de desconstituição da coisa julgada (juízo rescindendo) e, se for o caso, de novo julgamento do mérito (juízo rescisório). Exige decisão de mérito transitada em julgado; decisões terminativas sem resolução de mérito, em regra, não comportam rescisória.
- **Aplicação prática:** Utilizada para corrigir injustiças graves cristalizadas pela coisa julgada, especialmente em causas de grande repercussão econômica (trabalhistas, cíveis, tributárias) ou em sentenças baseadas em prova reconhecidamente falsa. Em concursos, cobram-se principalmente o prazo decadencial de 2 anos, o rol taxativo do art. 966 do CPC/15, a exigência de depósito prévio em algumas hipóteses e a distinção entre juízo rescindendo e juízo rescisório.
- **Observações críticas ou controvérsias:** Discute-se o alcance da

"violação manifesta a norma jurídica" (se restrita a violações literais de texto legal ou se abrange contrariedade a princípios constitucionais) e a possibilidade de ação rescisória quando a decisão se baseia em entendimento posteriormente superado pelos tribunais superiores, o que envolve tensão entre segurança jurídica e justiça material.

- **Remissões internas:** Ver também: *Coisa Julgada, Erro de Fato, Prova Falsa, Recurso Especial, Recurso Extraordinário, Decadência, Juízo Rescindendo e Rescisório.*

AMPLA DEFESA

- **Conceito técnico-jurídico:** Garantia constitucional que assegura às partes, especialmente ao acusado em processos sancionatórios (penais, administrativos e ético-disciplinares), o direito de se defender com o uso de todos os meios e recursos admitidos em direito, incluindo defesa técnica por profissional habilitado e autodefesa.
- **Base legal:** Art. 5º, LV, da CF/88; princípios do devido processo legal.
- **Enquadramento doutrinário**: Desdobra-se em defesa técnica (advogado ou defensor) e autodefesa (direito de ser ouvido, de participar de audiências, de realizar interrogatório). Relaciona-se intimamente ao contraditório: este garante ciência e possibilidade de reação; a ampla defesa

assegura a efetiva utilização de instrumentos para essa reação.

- **Aplicação prática:** Fundamenta nulidades em processos penais, administrativos disciplinares, éticos e em alguns procedimentos cíveis com carga sancionatória. Violações típicas: ausência de intimação do patrono, negativa injustificada de produção de prova relevante, julgamento sem prévia oportunidade de manifestação, falta de defesa técnica em PAD.
- **Observações críticas ou controvérsias:** Discutem-se os limites do poder do juiz de indeferir provas requeridas pela defesa sem violar a garantia, especialmente em processos criminais complexos, e o tratamento da defesa técnica deficiente (defensor meramente formal), em especial quanto à natureza da nulidade (absoluta ou relativa) e à necessidade de comprovar prejuízo (princípio do *pas de nullité sans grief*).
- **Remissões internas:** Ver também: *Contraditório, Ampla Defesa x Contraditório, Devido Processo Legal, Nulidade Processual, Defesa Técnica, Processo Administrativo Disciplinar.*

ANIMUS DOMINI

- **Conceito técnico-jurídico:** Elemento subjetivo da posse qualificada para fins de usucapião, consistente na intenção de exercer a posse como se proprietário fosse, e não em nome de outrem, como mero detentor.
- **Base legal:** Artigos 1.196, 1.198 e 1.238 a 1.244 do Código Civil.
- **Enquadramento doutrinário:** Distingue a posse ad usucapionem da detenção e da posse precária. Para aquisição da propriedade por usucapião, não basta o *corpus* (poder de fato sobre a coisa); exige-se também o *animus domini*, estável e contínuo, somado ao lapso temporal e, em alguns casos, à boa-fé e ao justo título.
- **Aplicação prática:** Em ações de usucapião e litígios possessórios, é comum o debate sobre se o ocupante era possuidor com *animus domini* ou apenas detentor (como locatário, comodatário, empregado). Condutas como pagar tributos, realizar benfeitorias significativas, cercar o imóvel e apresentar-se socialmente como dono são indícios valorizados pelos tribunais.
- **Observações críticas ou controvérsias:** A grande discussão está na chamada "interversão da posse": quando e como o detentor pode converter sua situação em posse com *animus domini*, notadamente se há ruptura clara da relação de confiança com o antigo possuidor. Outro ponto sensível é a

prova do elemento subjetivo, que não é direta, mas inferida de comportamentos objetivos ao longo do tempo.

- **Remissões internas:** Ver também: *Posse, Detenção, Usucapião, Posse Precária, Interversão da Posse, Justo Título.*

AÇÃO CIVIL PÚBLICA

- **Conceito técnico-jurídico:** Ação de natureza coletiva destinada à tutela de interesses difusos, coletivos e individuais homogêneos em matérias de relevante impacto social, como meio ambiente, consumidor, patrimônio público, ordem urbanística, patrimônio histórico e cultural.
- **Base legal:** Lei nº 7.347/85 (Lei da Ação Civil Pública); arts. 81 a 82 do Código de Defesa do Consumidor; art. 129, III, da CF/88.
- **Enquadramento doutrinário**: Integra o microssistema de tutela coletiva, ao lado da ação popular, mandado de segurança coletivo e ações coletivas previstas no CDC. A legitimação ativa é restrita (Ministério Público, Defensoria Pública, entes públicos e associações que preencham os requisitos legais), com regime próprio de coisa julgada e possibilidade de acordos com eficácia erga omnes ou ultra partes.
- **Aplicação prática:** É instrumento central em casos de dano ambiental, lesão a

consumidores em massa, combate à corrupção e à improbidade, bem como em políticas públicas de saúde, educação e moradia. Em concursos, exploram-se legitimidade ativa, extensão subjetiva da sentença, possibilidade de cumulação de pedidos (obrigação de fazer, não fazer, indenização, dano moral coletivo) e a relação com outras ações coletivas.

- **Observações críticas ou controvérsias:** Questiona-se o risco de ativismo judicial quando decisões em ACP determinam políticas públicas detalhadas, interferindo na discricionariedade administrativa e orçamentária. Também é controversa a sobreposição entre ACP, ação popular e outras ações coletivas, com potencial de decisões contraditórias e debates sobre prevenção e litispendência coletiva.
- **Remissões internas:** Ver também: *Interesses Difusos, Interesses Coletivos, Ação Popular, Dano Moral Coletivo, Legitimidade Ativa, Coisa Julgada Coletiva.*

Ampla Defesa x Contraditório

- **Conceito técnico-jurídico**: Binômio que compõe o núcleo do processo justo: o contraditório garante ciência e possibilidade de manifestação sobre todos os atos e provas do processo; a ampla defesa assegura a disponibilidade de meios adequados (provas, recursos, assistência técnica) para tornar essa manifestação efetiva.

- **Base legal:** Art. 5º, LV, da CF/88.
- **Enquadramento doutrinário:** O contraditório possui dimensão formal (direito de ser ouvido) e material (poder de influenciar o convencimento do julgador). A ampla defesa complementa esse quadro, garantindo não apenas a oportunidade de falar, mas condições reais de se defender. Em processos sancionatórios, fala-se em "contraditório substancial", que exige participação efetiva, e não apenas simbólica.
- **Aplicação prática:** Muito invocado em alegações de cerceamento de defesa e nulidade, por exemplo, em julgamentos surpresa (decisões baseadas em fundamento não previamente debatido), indeferimento imotivado de prova essencial ou ausência de defesa técnica adequada. A jurisprudência tem reforçado a necessidade de prévia oitiva das partes antes de decisões que alterem significativamente o rumo do processo.
- **Observações críticas ou controvérsias:** Debate-se a profundidade do contraditório material, especialmente em processos coletivos, estruturais e em decisões de grande impacto social, bem como se toda deficiência de defesa gera nulidade automática ou se prevalece a exigência de demonstração de prejuízo.

- **Remissões internas:** Ver também: *Ampla Defesa, Contraditório, Devido Processo Legal, Julgamento Surpresa, Nulidade Processual.*

ADMISSIBILIDADE (JUÍZO DE)

- **Conceito técnico-jurídico:** Exame prévio, formal e obrigatório realizado pelo juiz ou tribunal para verificar se um ato processual (notadamente petição inicial e recursos) preenche os requisitos legais mínimos para que o mérito possa ser apreciado.
- **Base legal:** Artigos 319, 320 e 330 (petição inicial) e artigos 932, III, 1.007 e 1.010 (recursos) do CPC/15.
- **Enquadramento doutrinário:** Distingue-se do *juízo de mérito* (que resolve a lide) e do *juízo de retratação* (reexame de decisão anterior pelo próprio órgão prolator). O juízo de admissibilidade verifica pressupostos processuais e requisitos específicos do ato, tradicionalmente classificados em intrínsecos (cabimento, legitimidade, interesse recursal) e extrínsecos (tempestividade, preparo, regularidade formal).
- **Aplicação prática:** No processo de conhecimento, pode levar ao indeferimento da petição inicial quando ausentes os requisitos

essenciais ou quando houver inépcia insanável. No âmbito recursal, é decisivo: vícios como intempestividade, preparo incorreto ou ausência de representação processual apta conduzem ao não conhecimento do recurso, impedindo que o tribunal aprecie o direito material.

- **Observações críticas ou controvérsias:** O CPC/15 fortaleceu o **princípio da primazia do julgamento de mérito**, impondo ao julgador o dever de oportunizar à parte a correção de vícios sanáveis (como complementação de preparo ou juntada de procuração) antes de decretar a inadmissibilidade, inclusive em instância recursal (art. 932, parágrafo único). Discute-se, na prática, até que ponto essa primazia limita decisões excessivamente formalistas de inadmissão, sobretudo em tribunais superiores, bem como a extensão do controle do juízo de admissibilidade realizado na origem por meio de agravos internos e agravos dirigidos aos tribunais superiores.
- **Remissões internas:** Ver também: *Pressupostos Processuais, Mérito, Juízo de Retratação, Princípio da Primazia do Julgamento de Mérito, Sanabilidade, Inépcia da Petição Inicial.*

ADJUDICAÇÃO

- **Conceito técnico-jurídico:** Ato executivo mediante o qual o credor, em processo de execução ou cumprimento de sentença, recebe a propriedade de bens do devedor (móveis ou imóveis) como forma de satisfação do crédito, em vez de aguardar a venda em leilão.
- **Base legal:** Artigos 876 a 878 do CPC/15.
- **Enquadramento doutrinário:** Modalidade de expropriação forçada, em regra preferencial à alienação em hasta pública. Diferencia-se da venda judicial porque o bem ingressa diretamente no patrimônio do credor, pelo valor da avaliação, podendo haver adjudicação também em favor de terceiros legitimados (como cônjuge, coproprietário ou credor concorrente).
- **Aplicação prática:** É via célere de satisfação do crédito quando o exequente tem interesse direto no bem penhorado. Se o valor do bem superar o do crédito, o adjudicante deve depositar a diferença (torna) em favor do executado; se for inferior, a execução prossegue sobre outros bens.
- **Observações críticas ou controvérsias:** Debate-se o momento exato em que a adjudicação se torna perfeita, acabada e, em regra, irretratável (lavratura e assinatura do auto pelo juiz), bem como a possibilidade de anulação por vícios graves (fraude à

execução, nulidade da penhora). Também se discute a concorrência entre adjudicação e alienação quando há múltiplos credores interessados.

- **Remissões internas:** Ver também: *Execução, Penhora, Hasta Pública, Expropriação, Fraude à Execução.*

AÇÃO CIVIL PÚBLICA

- **Conceito técnico-jurídico:** Ação de natureza coletiva destinada à tutela de interesses difusos, coletivos e individuais homogêneos em matérias de relevante impacto social, como meio ambiente, consumidor, patrimônio público, ordem urbanística, patrimônio histórico e cultural.
- **Base legal:** Lei nº 7.347/85; arts. 81 a 82 do Código de Defesa do Consumidor; art. 129, III, da CF/88.
- **Enquadramento doutrinário:** Integra o microssistema de tutela coletiva, ao lado da ação popular, mandado de segurança coletivo e ações coletivas previstas no CDC. A legitimação ativa é restrita (Ministério Público, Defensoria Pública, União, Estados, Municípios, autarquias, empresas públicas, fundações, sociedades de economia mista e associações que preencham os requisitos legais), com regime próprio de coisa julgada e

possibilidade de acordos com eficácia erga omnes ou ultra partes.

- **Aplicação prática:** Instrumento central em casos de dano ambiental, lesão a consumidores em massa, combate à corrupção e à improbidade, políticas públicas de saúde, educação e moradia. Em concursos, exploram-se legitimidade ativa, extensão subjetiva da sentença, possibilidade de cumulação de pedidos (obrigação de fazer, não fazer, indenização, dano moral coletivo) e a relação com outras ações coletivas.
- **Observações críticas ou controvérsias:** Questiona-se o risco de ativismo judicial quando decisões em ACP determinam políticas públicas detalhadas, interferindo na discricionariedade administrativa e orçamentária. Outra controvérsia é a sobreposição entre ACP, ação popular e outras ações coletivas, com potencial de decisões contraditórias em diferentes juízos.
- **Remissões internas:** Ver também: *Interesses Difusos, Interesses Coletivos, Ação Popular, Dano Moral Coletivo, Legitimidade Ativa, Coisa Julgada Coletiva.*

AÇÃO RESCISÓRIA

- **Conceito técnico-jurídico:** Ação autônoma de impugnação, de caráter excepcional, destinada a desconstituir decisão de mérito transitada em julgado, nas hipóteses taxativamente previstas em lei (erro de fato, violação manifesta a norma jurídica, prova falsa, competência absoluta, dentre outras).

- **Base legal:** Artigos 966 a 975 do CPC/15.
- **Enquadramento doutrinário:** Não é recurso, mas nova ação, com causa de pedir própria (vício da decisão rescindenda) e pedidos de desconstituição da coisa julgada e, se for o caso, novo julgamento do mérito (juízo rescisório). Exige decisão de mérito transitada em julgado; decisões terminativas sem resolução de mérito, em regra, não comportam rescisória.
- **Aplicação prática:** Utilizada para corrigir injustiças graves cristalizadas pela coisa julgada, especialmente em causas de grande repercussão econômica (trabalhistas, cíveis, tributárias) ou em sentenças baseadas em prova reconhecidamente falsa. Na prática forense, discute-se intensamente o prazo decadencial de 2 anos, o juízo competente (tribunal que proferiu a decisão) e o depósito prévio de 5% do valor da causa em algumas hipóteses.
- **Observações críticas ou controvérsias:** Há controvérsia sobre o alcance da “violação manifesta a norma jurídica”, se restrita a violações literais de texto legal ou se abrange contrariedade a princípios constitucionais.

Outro ponto sensível é a rescisória de decisões fundadas em entendimentos posteriormente superados pelos tribunais superiores, envolvendo tensão entre segurança jurídica e justiça material.

- **Remissões internas:** Ver também: *Coisa Julgada, Erro de Fato, Prova Falsa, Recurso Especial, Recurso Extraordinário, Decadência, Juízo Rescindendo e Rescisório.*

AMPLA DEFESA

- **Conceito técnico-jurídico:** Garantia constitucional que assegura às partes, especialmente ao acusado em processos sancionatórios (penais, administrativos e ético-disciplinares), o direito de se defender com o uso de todos os meios e recursos admitidos em direito, incluindo defesa técnica por profissional habilitado e autodefesa.
- **Base legal:** Art. 5º, LV, da CF/88; princípios do devido processo legal.
- **Enquadramento doutrinário:** Desdobra-se em defesa **técnica** (advogado ou defensor) e autodefesa (direito de ser ouvido, de participar de audiências, de realizar interrogatório). Relaciona-se intimamente ao contraditório: este garante ciência e possibilidade de reação; a ampla defesa

assegura a efetiva utilização de instrumentos para essa reação.

- **Aplicação prática:** Fundamenta nulidades em processos penais, administrativos disciplinares, éticos e em alguns procedimentos cíveis com carga sancionatória. Violações típicas: ausência de intimação do patrono, negativa injustificada de produção de prova relevante, julgamento sem prévia oportunidade de manifestação, falta de defesa técnica em PAD.
- **Observações críticas ou controvérsias:** Discutem-se os limites do poder do juiz de indeferir provas requeridas pela defesa sem violar a garantia, especialmente em processos criminais complexos. Também é controverso o tratamento da defesa técnica deficiente (defensor meramente formal), em especial quanto à natureza da nulidade (absoluta ou relativa) e à necessidade de comprovar prejuízo.
- **Remissões internas:** Ver também: *Contraditório, Ampla Defesa x Contraditório, Devido Processo Legal, Nulidade Processual, Defesa Técnica, Processo Administrativo Disciplinar.*

AMPLA DEFESA x CONTRADITÓRIO

- **Conceito técnico-jurídico:** Binômio que compõe o núcleo do processo justo: o contraditório garante ciência e possibilidade de manifestação sobre todos os atos e provas do processo; a ampla defesa assegura a disponibilidade de meios adequados (provas, recursos, assistência técnica) para tornar essa manifestação efetiva.
- **Base legal:** Art. 5º, LV, da CF/88.
- **Enquadramento doutrinário:** O contraditório possui dimensão **formal** (ser ouvido) e **material** (poder influenciar o convencimento do julgador). A ampla defesa complementa esse quadro, garantindo não apenas a oportunidade de falar, mas condições reais de se defender. Em processos sancionatórios, fala-se em "contraditório substancial", que exige participação efetiva, e não meramente simbólica.
- **Aplicação prática:** Muito invocado em alegações de cerceamento de defesa e nulidade, por exemplo, em julgamentos surpresa (decisões baseadas em fundamento não previamente debatido), indeferimento imotivado de prova essencial ou ausência de defesa técnica adequada. A jurisprudência tem reforçado a necessidade de prévia oitiva das partes antes de decisões que alterem significativamente o rumo do processo.
- **Observações críticas ou controvérsias:** A discussão atual gira em torno da profundidade

do contraditório material, especialmente em processos coletivos, estruturais e em decisões de grande impacto social. Questiona-se também se toda deficiência de defesa gera nulidade automática ou se continua prevalecendo o princípio do "pas de nullité sans grief" (necessidade de demonstrar prejuízo).

- **Remissões internas:** Ver também: *Ampla Defesa, Contraditório, Devido Processo Legal, Julgamento Surpresa, Nulidade Processual.*

ANIMUS DOMINI

- **Conceito técnico-jurídico:** Elemento subjetivo da posse qualificada para fins de usucapião, consistente na intenção de exercer a posse como se proprietário fosse, e não em nome de outrem, como mero detentor.
- **Base legal:** Artigos 1.196, 1.198 e 1.238 a 1.244 do Código Civil.
- **Enquadramento doutrinário:** Distingue a posse ad usucapionem da detenção e da posse precária. Para aquisição da propriedade por usucapião, não basta o *corpus* (poder de fato sobre a coisa); exige-se também o *animus domini*, estável e contínuo, somado ao lapso temporal e, em alguns casos, à boa-fé e ao justo título.

- **Aplicação prática:** Em ações de usucapião e litígios possessórios, é comum o debate sobre se o ocupante era possuidor com *animus domini* ou apenas detentor (como locatário, comodatário, empregado). Condutas como pagar tributos, realizar benfeitorias significativas, cercar o imóvel e apresentarse socialmente como dono são indícios valorizados pelos tribunais.
- **Observações críticas ou controvérsias:** A grande discussão está na chamada "interversão da posse": quando e como o detentor pode converter sua situação em posse com *animus domini*, notadamente se há ruptura clara da relação de confiança com o antigo possuidor. Outro ponto sensível é a prova do elemento subjetivo, que não é direta, mas inferida de comportamentos objetivos ao longo do tempo.
- **Remissões internas:** Ver também: *Posse, Detenção, Usucapião, Posse Precária, Interversão da Posse, Justo Título.*

ANTINOMIA JURÍDICA

- **Conceito técnico-jurídico:** Conflito real ou aparente entre duas ou mais normas jurídicas válidas do mesmo ordenamento, que incidem sobre o mesmo fato e prescrevem soluções incompatíveis entre si.

- **Base legal:** Art. 2º da LINDB, além de princípios gerais de hierarquia, especialidade e cronologia.
- **Enquadramento doutrinário:** Classifica-se em antinomias próprias (conflito textual direto) e impróprias (choque de valores ou princípios). As soluções clássicas são: critério hierárquico (norma superior prevalece sobre inferior), cronológico (lei posterior revoga anterior) e especialidade (norma especial prevalece sobre a geral).
- **Aplicação prática:** Frequentemente invocada em teses que confrontam leis municipais com estaduais ou federais, ou regulamentos administrativos com leis formais. Em controle de constitucionalidade, é comum alegar antinomia entre normas infraconstitucionais e a Constituição, exigindo solução pelo critério hierárquico.
- **Observações críticas ou controvérsias:** Fala-se em "antinomia de segundo grau" quando há conflito entre os próprios critérios de solução (por exemplo, norma posterior geral versus norma anterior especial), exigindo ponderação mais sofisticada. Em matéria de princípios, a solução tende a envolver técnicas de ponderação e concordância prática, para preservar ao máximo a eficácia de cada comando.

- **Remissões internas:** Ver também: *Hierarquia de Normas, Revogação, Hermenêutica, Princípios Constitucionais.*

ARBITRTABILIDADE

- **Conceito técnico-jurídico:** Aptidão de determinado conflito de interesses para ser resolvido por arbitragem, em substituição à jurisdição estatal.
- **Base legal:** Art. 1° da Lei n° 9.307/96 (Lei de Arbitragem) e dispositivos correlatos sobre direitos patrimoniais disponíveis.
- **Enquadramento doutrinário:** Divide-se em arbitrabilidade subjetiva (capacidade das partes de contratar a arbitragem) e objetiva (natureza do direito controvertido, admitindo-se apenas direitos patrimoniais disponíveis). Relaciona-se com o princípio da *kompetenz-kompetenz*, segundo o qual o próprio tribunal arbitral tem competência para decidir sobre a validade e a extensão da convenção de arbitragem.
- **Aplicação prática:** É etapa preliminar essencial na análise de cláusulas compromissórias e compromissos arbitrais. Se o litígio envolver direitos indisponíveis (estado da pessoa, questões penais estritas), a convenção de arbitragem é ineficaz e o tribunal arbitral carece de jurisdição, o que costuma ser arguido em ações de anulação de

sentença arbitral e em exceções de incompetência.

- **Observações críticas ou controvérsias:** A discussão contemporânea concentra-se na arbitrabilidade de litígios envolvendo a Administração Pública e em conflitos societários complexos (como disputas entre acionistas minoritários e majoritários). Debatem-se, ainda, os limites do controle judicial sobre a convenção e a sentença arbitral, sem esvaziar a autonomia da arbitragem.
- **Remissões internas:** Ver também: *Cláusula Compromissória, Convenção de Arbitragem, Jurisdição, Direitos Patrimoniais Disponíveis, Sentença Arbitral.*

ASTRINTES (Multa Coercitiva)

- **Conceito técnico-jurídico:** Medida coercitiva de natureza pecuniária, fixada pelo juiz ou tribunal para compelir o devedor ao cumprimento de obrigação de fazer, não fazer ou entregar coisa, dentro de prazo assinalado, mediante ameaça de multa progressiva.
- **Base legal:** Artigos 536, §1º, e 537 do CPC/15.
- **Enquadramento doutrinário:** Trata-se de meio de execução indireta, com função eminentemente coercitiva, não reparatória nem punitiva em sentido estrito. Diferencia-se de indenização por perdas e danos, pois não

visa recompor prejuízos, mas pressionar psicologicamente o devedor ao adimplemento da ordem judicial.

- **Aplicação prática:** Ampliamente utilizada em tutelas de urgência e de evidência, sobretudo em demandas contra planos de saúde, fornecedoras de energia, operadoras de telefonia, cumprimento de obrigações de entregar documentos e obrigações de fazer em geral. O valor e a periodicidade devem ser calibrados de modo que o descumprimento seja economicamente mais oneroso do que o cumprimento da decisão.
- **Observações críticas ou controvérsias:** É recorrente nos tribunais o pedido de redução das *astreintes* quando o montante acumulado se torna exorbitante. A orientação prevalente é que a multa não faz coisa julgada material, podendo ser revista (reduzida, majorada ou excluída) se houver desproporção ou enriquecimento sem causa, inclusive de ofício, discussão muito explorada em prática forense e concursos.
- **Remissões internas:** Ver também: *Tutela Específica, Obrigação de Fazer, Obrigação de Não Fazer, Execução Indireta, Cumprimento de Sentença.*

ATA NOTARIAL (Meio de Prova)

- **Conceito técnico-jurídico:** Instrumento público, lavrado por tabelião ou seu substituto, que documenta, com fé pública, fatos, situações ou estados presenciados pelo oficial, conferindo-lhes existência jurídica e força probatória pré-constituída.
- **Base legal:** Art. 384 do CPC/15; art. 7º, III, da Lei nº 8.935/94.
- **Enquadramento doutrinário:** É espécie de prova documental pública, voltada à perpetuação do fato (*ad perpetuam rei memoriam*), especialmente útil para resguardar elementos probatórios sujeitos a alteração ou desaparecimento antes da instauração do processo.
- **Aplicação prática:** Ganhou centralidade na era digital: é amplamente usada para comprovar conteúdos de redes sociais, páginas de internet, mensagens de aplicativos, vistorias de imóveis, entrega de chaves e constatação de infrações a direitos autorais, sendo instrumento recorrente em ações cíveis, empresariais e de família.
- **Observações críticas ou controvérsias:** A fé pública da ata notarial recai sobre a existência e o teor do que foi presenciado pelo tabelião (veracidade formal), mas não sobre a veracidade material das declarações prestadas por terceiros. Isso significa que o tabelião atesta que determinada afirmação foi feita ou que determinado conteúdo constava de uma

página, não que o conteúdo seja verdadeiro em si, o que exige leitura crítica pelo juiz e pelas partes.

- **Remissões internas:** Ver também: *Fé Pública, Prova Documental, Prova Antecipada, Prova Digital, Cadeia de Custódia.*

ATIVISMO JUDICIAL

- **Conceito técnico-jurídico:** Postura interpretativa proativa do Poder Judiciário, especialmente dos tribunais constitucionais, ao ampliar o alcance de normas constitucionais e legais e ocupar espaços decisórios que, em tese, estariam na esfera de atuação dos Poderes Legislativo e Executivo, em nome da proteção de direitos fundamentais e da efetividade da Constituição.
- **Base legal:** Fundamenta-se em leitura pós-positivista da CF/88, no neoconstitucionalismo e na eficácia irradiante dos direitos fundamentais, ainda que não haja previsão expressa de "ativismo" em texto normativo.
- **Enquadramento doutrinário:** Diferencia-se da chamada "judicialização da política": esta é fenômeno descritivo (questões políticas chegam aos tribunais); o ativismo envolve escolha consciente do julgador de adotar decisões expansivas e interventivas. Liga-se a

técnicas como interpretação conforme a Constituição, decisões estruturantes e uso intensivo de princípios e precedentes vinculantes.

- **Aplicação prática:** Manifesta-se em decisões sobre políticas públicas de saúde (fornecimento de medicamentos fora de listas oficiais), educação, direitos de minorias, omissões legislativas (criminalização de condutas, regulamentação de direitos) e controle de políticas criminais e ambientais. É tema recorrente em provas discursivas e em debates doutrinários sobre o papel do STF e dos tribunais superiores.
- **Observações críticas ou controvérsias:** É alvo de críticas por possível afronta ao princípio democrático e à separação de poderes, na medida em que juízes não eleitos passam a definir políticas públicas sensíveis. Defensores do ativismo argumentam que, diante da inércia ou omissão dos poderes políticos, o Judiciário tem o dever de concretizar direitos fundamentais, o que gera tensão permanente entre segurança jurídica, legitimidade democrática e efetividade da Constituição.
- **Remissões internas:** Ver também: *Judicialização da Política, Controle de Constitucionalidade, Separação de Poderes, Neoconstitucionalismo, Direitos Fundamentais.*

LETRA B

BEM DE FAMÍLIA (LEGAL E VOLUNTÁRIO)

- **Conceito técnico-jurídico:** Patrimônio imobiliário residencial da entidade familiar protegido contra a maior parte das execuções, com a finalidade de garantir moradia mínima e digna, podendo ser instituído por lei (bem de família legal) ou por ato de vontade (bem de família voluntário).
- **Base legal:** Lei nº 8.009/90 (bem de família legal); arts. 1.711 a 1.722 do Código Civil (bem de família voluntário).
- **Enquadramento doutrinário:** O bem de família **legal** é automático e independe de registro: recai sobre o imóvel residencial próprio do casal ou da entidade familiar, com hipóteses restritas de penhora (p. ex., pensão alimentícia, financiamento do próprio imóvel). O bem de família **voluntário** exige ato de instituição e registro, tem valor limitado e pode atingir mais de um bem, conforme a lei.
- **Aplicação prática:** É uma das defesas mais importantes em execuções e cumprimento de

sentença envolvendo devedores pessoas físicas, especialmente em execuções bancárias e de honorários. Na prática, o advogado deve provar que o imóvel é de residência da família e demonstrar que a hipótese não se encaixa nas exceções legais de penhorabilidade.

- **Observações críticas ou controvérsias:** A jurisprudência discute, com frequência, a proteção de imóveis de alto valor ou com finalidade mista (residencial e comercial). Também há controvérsia sobre a proteção de único imóvel locado, quando a renda dos aluguéis é revertida para garantir a moradia da família em outro bem alugado.
- **Remissões internas:** Ver também: *Impenhorabilidade, Execução, Penhora, Dignidade da Pessoa Humana, Moradia.*

BOA-FÉ OBJETIVA

- **Conceito técnico-jurídico:** Padrão de conduta leal, honesta e cooperativa exigido das partes em todas as fases da relação jurídica, independentemente do estado psicológico interno de cada uma, gerando deveres anexos como informação, proteção, lealdade e cooperação.
- **Base legal:** Art. 113 e art. 422 do Código Civil.

- **Enquadramento doutrinário:** Diferencia-se da boa-fé **subjetiva**, que se relaciona à ignorância escusável de determinado vício ou obstáculo. A boa-fé objetiva atua como **cláusula geral**, permitindo ao juiz controlar comportamentos contraditórios (venire contra factum proprium), abuso de direito, supressio, surrectio e outras figuras construídas pela doutrina e jurisprudência.
- **Aplicação prática:** Serve de fundamento para: responsabilizar contratantes que criam expectativas legítimas e depois "puxam o tapete" da outra parte; invalidar condutas contraditórias; e conter o exercício abusivo de posições jurídicas. Em ações revisionais, consumeristas e empresariais, é recorrente o uso da boa-fé objetiva para reequilibrar relações assimétricas.
- **Observações críticas ou controvérsias:** Críticos apontam o risco de "moralização excessiva" dos contratos e de insegurança jurídica, caso a cláusula seja utilizada de forma vaga. Os tribunais superiores vêm, gradualmente, delimitando hipóteses típicas (como o comportamento contraditório) para dar maior previsibilidade ao seu emprego.
- **Remissões internas:** Ver também: *Boa-fé Subjetiva, Abuso de Direito, Venire contra Factum Proprium, Supressio, Surrectio, Deveres Anexos*.

BOA-FÉ SUBJETIVA

- **Conceito técnico-jurídico:** Estado psicológico de ignorância escusável de determinada ilicitude ou vício, em que o sujeito, com base em circunstâncias objetivamente razoáveis, acredita estar agindo em conformidade com o direito.
- **Base legal:** Arts. 1.201, 1.214 e 1.218 do Código Civil (posse de boa-fé); referências esparsas em diversos dispositivos civis.
- **Enquadramento doutrinário:** Liga-se à ideia de confiança individual e proteção da aparência jurídica. O possuidor de boa-fé, por exemplo, acredita legitimamente ser dono ou estar autorizado a exercer a posse, o que lhe confere vantagens específicas (como percepção de frutos até a citação e direito de retenção por benfeitorias necessárias e úteis).
- **Aplicação prática:** Fundamental em casos de usucapião, aquisição de bens de não proprietário, responsabilidade civil e direito registral. Em litígios de boa-fé x má-fé, a prova recai sobre os indícios objetivos de que o sujeito poderia ou não conhecer o vício (consultas a cartórios, situação fática, avisos prévios etc.).
- **Observações críticas ou controvérsias:** A prova da boa-fé subjetiva é sempre indireta, sendo extraída de circunstâncias externas, o

que gera debates intensos em casos de aquisição de imóvel com cadeia dominial defeituosa ou em alienações sucessivas. A linha entre boa-fé e "cegueira deliberada" é tema recorrente em decisões judiciais.

- **Remissões internas:** Ver também: *Boa-fé Objetiva, Posse de Boa-fé, Usucapião, Aparência Jurídica, Registro de Imóveis.*

BENFEITORIAS (NECESSÁRIAS, ÚTEIS, VOLUPTUÁRIAS)

- **Conceito técnico-jurídico:** Obras ou despesas realizadas sobre um bem, com o objetivo de conservá-lo, melhorá-lo ou simplesmente torná-lo mais agradável, classificadas em necessárias, úteis e voluptuárias, com efeitos distintos em termos de reembolso e direito de retenção.
- **Base legal:** Artigos 96 a 98, 1.219, 1.220 e 1.255 do Código Civil.
- **Enquadramento doutrinário:** Benfeitorias **necessárias** conservam o bem ou impedem sua deterioração; **úteis** aumentam ou facilitam o uso; **voluptuárias** visam apenas luxo ou recreio, sem aumentar o uso habitual. O possuidor de boa-fé tem direito à indenização das necessárias e úteis, além de retenção até pagamento; o de má-fé, em regra, apenas das necessárias, dependendo do caso.
- **Aplicação prática:** Litígios possessórios, ações de despejo, usucapião, condomínio e

relações locatícias frequentemente envolvem pedidos de indenização por benfeitorias e direito de retenção. A controvérsia costuma recair sobre a classificação da benfeitoria (se útil ou voluptuária) e sobre a boa ou má-fé do possuidor.

- **Observações críticas ou controvérsias:** A fronteira entre útil e voluptuária é casuística (ex.: instalação de ar-condicionado, piscina, sistema de segurança), exigindo análise do contexto socioeconômico e da finalidade do imóvel. Também se discute a possibilidade de compensação entre valor das benfeitorias e alugueres devidos.
- **Remissões internas:** Ver também: *Posse de Boa-fé, Direito de Retenção, Acessões, Despejo, Usucapião.*

BEM PÚBLICO

- **Conceito técnico-jurídico:** Bem pertencente às pessoas jurídicas de direito público interno (União, Estados, DF, Municípios, autarquias) ou, em certas hipóteses, às de direito privado prestadoras de serviço público, submetido a regime jurídico especial quanto a uso, alienação e proteção.
- **Base legal:** Artigos 98 a 103 do Código Civil; artigos 20, 26 e 99 a 103 do Código Civil;

Constituição Federal (ex.: arts. 20, 21, 22, 225).

- **Enquadramento doutrinário:** Classificam-se em bens de **uso comum do povo** (ruas, praças, mares), de **uso especial** (prédios públicos, escolas, hospitais) e **dominicais** (patrimônio disponível do Estado). Em regra, bens de uso comum e especial são inalienáveis enquanto conservarem essa qualificação, além de imprescritíveis e impenhoráveis.
- **Aplicação prática:** Questões frequentes envolvem ocupações irregulares em áreas públicas, usucapião contra o Poder Público (vedada para bens públicos) e responsabilidade civil por omissão na conservação de bens de uso comum (ex.: buraco em via pública). Em licitações e concessões, a natureza do bem influencia o tipo de contrato e o regime de utilização.
- **Observações críticas ou controvérsias:** A caracterização de determinado bem como público ou privado, bem como sua classificação interna (uso comum, especial ou dominical), pode ser decisiva para definir se há possibilidade de usucapião, penhora ou concessão de uso. A afetação e a desafetação (mudança de categoria) geram intenso debate jurisprudencial.
- **Remissões internas:** Ver também: *Impenhorabilidade, Usucapião, Concessão de*

Uso, Afetação e Desafetação, Patrimônio Público.

BLOQUEIO ON-LINE (SISBAJUD / BACENJUD)

- **Conceito técnico-jurídico:** Mecanismo eletrônico que permite ao Poder Judiciário determinar, de forma centralizada e on-line, o bloqueio, desbloqueio e transferência de valores existentes em contas bancárias e aplicações financeiras em nome do executado, para satisfação de dívidas em execução ou cumprimento de sentença.
- **Base legal:** Art. 854 do CPC/15; convênios firmados entre o Poder Judiciário e o Banco Central (antigo BacenJud, atual SISBAJUD).
- **Enquadramento doutrinário:** Instrumento de efetividade da execução, alinhado ao princípio da máxima utilidade da tutela jurisdicional executiva. Integra o rol de medidas executivas típicas, mas dialoga com a atipicidade prevista no CPC/15, permitindo ao juiz adotar meios mais eficazes de constrição patrimonial.
- **Aplicação prática:** É uma das primeiras medidas requeridas pelos credores na busca de bens penhoráveis. Possibilita bloqueio imediato de saldo em conta corrente, poupança e algumas aplicações, respeitadas

hipóteses de impenhorabilidade parcial (como verbas salariais, poupança até determinado limite etc.). O executado pode impugnar bloqueios indevidos ou excessivos por meio de petição simples ou exceção de pré-executividade.

- **Observações críticas ou controvérsias:** A principal controvérsia envolve bloqueio de verbas de natureza alimentar (salários, aposentadorias) e de contas salário, bem como o chamado "bloqueio em cascata" (sucessivos bloqueios que acabam superando o valor devido). Discutem-se ainda a necessidade de prévia intimação do devedor e a possibilidade de fracionar o bloqueio em várias instituições financeiras para reduzir impacto desproporcional.
- **Remissões internas:** Ver também: *Execução, Penhora On-line, Impenhorabilidade, Exceção de Pré-executividade, Satisfação do Crédito.*

BEM JURÍDICO (DIREITO PENAL)

- **Conceito técnico-jurídico:** Interesse ou valor essencial para a convivência social (vida, patrimônio, liberdade, honra, ordem econômica etc.) que o Direito Penal seleciona e protege por meio da incriminação de condutas.
- **Base legal:** Não há definição expressa em lei; o conceito é construído pela doutrina e

utilizado na interpretação dos tipos penais (CF/88 e Código Penal).

- **Enquadramento doutrinário:** É categoria central das teorias modernas do crime: a tipicidade material exige lesão ou perigo concreto a um bem jurídico relevante, sob pena de violação aos princípios da intervenção mínima e da ofensividade. Serve de parâmetro para distinguir crimes de meros ilícitos administrativos ou civis.
- **Aplicação prática:** Utilizado para afastar a incidência do tipo penal em hipóteses de ofensa irrelevante (princípio da insignificância), para interpretar restritivamente normas penais abertas e para justificar a criminalização ou descriminalização de condutas em controle de constitucionalidade.
- **Observações críticas ou controvérsias:** Há divergência sobre a natureza dos bens jurídicos (individuais x coletivos x difusos) e sobre a legitimidade de bens jurídicos "metaindividuais" muito amplos, como "moralidade administrativa" ou "segurança nacional", que podem servir de pretexto para expansão indevida do Direito Penal.
- **Remissões internas:** Ver também: *Princípio da Insignificância, Tipicidade Material, Intervenção Mínima, Ofensividade, Crime de Perigo Abstrato.*

BLINDAGEM PATRIMONIAL (E LIMITES)

- **Conceito técnico-jurídico:** Conjunto de estratégias jurídicas lícitas de organização do patrimônio (pessoal e empresarial) para reduzir riscos e responsabilizações, sem ocultar bens nem fraudar credores.
- **Base legal:** Não há lei específica; decorre do uso de figuras como pessoa jurídica, regimes de bens, patrimônios de afetação, holdings familiares e planejamento sucessório (Código Civil, Lei de Falências, legislação societária).
- **Enquadramento doutrinário:** Admite-se a organização racional do patrimônio, mas não se tolera o desvio de finalidade ou a confusão patrimonial para escapar de obrigações, sob pena de aplicação da **desconsideração da personalidade jurídica** (clássica ou inversa), declaração de fraude contra credores ou fraude à execução.
- **Aplicação prática:** Utilizada em planejamento empresarial e sucessório (constituição de holdings, escolha de regime de bens, separação entre patrimônio pessoal e empresarial), bem como em incorporações imobiliárias com patrimônio de afetação. Em juízo, discute-se frequentemente se determinada "blindagem" é lícita (planejamento) ou fraudulenta (esvaziamento de garantias).

- **Observações críticas ou controvérsias:** Linhas tênues separam organização lícita de fraude. A jurisprudência tem ampliado o uso da desconsideração da personalidade jurídica, sobretudo em relações de consumo e trabalhistas, o que gera debates sobre segurança jurídica e risco de "penhora direta" do patrimônio de sócios mesmo sem abuso demonstrado.
- **Remissões internas:** Ver também: *Desconsideração da Personalidade Jurídica, Fraude contra Credores, Fraude à Execução, Patrimônio de Afetação, Planejamento Sucessório.*

LETRA C

CADUCIDADE

- **Conceito técnico-jurídico:** Extinção de um direito, de um ato jurídico ou de uma concessão em razão do decurso do prazo para o seu exercício ou do descumprimento de obrigações contratuais/legais específicas.

- **Base legal:** Art. 38 da Lei nº 8.987/95 (concessões); art. 190 da Lei nº 9.279/96 (propriedade industrial).
- **Enquadramento doutrinário:** No Direito Administrativo, é sanção aplicada à concessionária que descumpre cláusulas contratuais ou legais. No Direito de Propriedade Industrial, ocorre, por exemplo, quando o titular de marca não a utiliza por 5 anos consecutivos.
- **Aplicação prática:** Em concessões de infraestrutura, é o "distrato punitivo": exige processo administrativo prévio para comprovar falha na prestação do serviço. Na caducidade de concessão, a indenização pelos bens reversíveis ainda não amortizados é abatida pelas multas devidas.
- **Observações críticas ou controvérsias:** Frequentemente confundida com **encampação**, que é a retomada do serviço por motivo de interesse público, sem falta da concessionária. Na caducidade há culpa da concessionária; na encampação, prevalece a conveniência do Estado.
- **Remissões internas:** Ver também: *Encampação, Reversão de Bens, Decadência, Concessão de Serviço Público.*

CAPACIDADE POSTULATÓRIA

- **Conceito técnico-jurídico:** Prerrogativa legal conferida a determinados profissionais (em regra, advogados regularmente inscritos na OAB) para praticar atos processuais em juízo em nome das partes.
- **Base legal:** Art. 103 do CPC/15; art. 1º da Lei nº 8.906/94 (Estatuto da OAB).
- **Enquadramento doutrinário:** Pressuposto processual de validade, de natureza subjetiva, ligado ao representante da parte. Não se confunde com capacidade de ser parte nem com capacidade processual (de estar em juízo).
- **Aplicação prática:** Atos praticados por quem não possui capacidade postulatória (advogado suspenso, bacharel sem OAB) são, em regra, nulos ou tidos como inexistentes. Exceções: habeas corpus, causas nos Juizados Especiais até 20 salários mínimos e jus postulandi limitado na Justiça do Trabalho.
- **Observações críticas ou controvérsias:** Na arbitragem, a exigência é mitigada: as partes podem ser representadas por qualquer pessoa de sua confiança, embora a atuação de advogado seja fortemente recomendável pela complexidade técnica.
- **Remissões internas:** Ver também: *Pressupostos Processuais, Mandato Judicial, Jus Postulandi, Representação Processual.*

CARTA ARBITRAL

- **Conceito técnico-jurídico:** Instrumento de cooperação pelo qual o árbitro ou tribunal arbitral solicita ao Poder Judiciário a prática de atos que exijam poder de império (coerção estatal), como ordens de busca, condução coercitiva ou bloqueio de bens.
- **Base legal:** Art. 22-C da Lei nº 9.307/96; art. 260, §3º, do CPC/15.
- **Enquadramento doutrinário:** Expressa o diálogo entre jurisdição arbitral (privada) e jurisdição estatal. O árbitro não detém *jus imperii*, de modo que depende do Judiciário para executar medidas constritivas ou de força.
- **Aplicação prática:** Indispensável para cumprir liminares arbitrais que exijam arrombamento, apreensão de bens, condução de testemunhas ou bloqueio via SISBAJUD. O juiz estatal analisa apenas a regularidade formal da carta, sem reexaminar o mérito da decisão arbitral.
- **Observações críticas ou controvérsias:** A recusa injustificada de cumprimento pode ensejar reclamações internas ou ao tribunal competente, para preservar a autoridade da arbitragem e o dever de cooperação judicial.
- **Remissões internas:** Ver também: *Medida Cautelar, Arbitragem, Árbitro, Cooperação Judiciária, SISBAJUD.*

CASO FORTUITO E FORÇA MAIOR

- **Conceito técnico-jurídico:** Eventos imprevisíveis ou inevitáveis cujos efeitos impedem o cumprimento de uma obrigação, excluindo, em regra, a responsabilidade civil do devedor.
- **Base legal:** Art. 393 do Código Civil.
- **Enquadramento doutrinário:** Tradicionalmente se distingue **caso fortuito** (evento humano ou falha técnica imprevisível, como greve, pane de sistema) de **força maior** (evento natural inevitável, como enchente ou terremoto). Em ambos, a impossibilidade de cumprimento não decorre de culpa do devedor.
- **Aplicação prática:** Cláusulas de caso fortuito/força maior são centrais em contratos de construção, transporte e logística. O devedor deve provar tanto a ocorrência do evento quanto o nexo causal entre ele e a impossibilidade de cumprir a obrigação.
- **Observações críticas ou controvérsias:** Distingue-se **fortuito interno** (inerente ao risco da atividade, como estouro de pneu de transportadora), que não exclui responsabilidade, de **fortuito externo** (alheio à atividade), que exclui o dever de indenizar. A pandemia de Covid-19 gerou decisões

relevantes sobre enquadramento de eventos como força maior.

- **Remissões internas:** Ver também: *Responsabilidade Civil, Nexo de Causalidade, Inadimplemento, Teoria do Risco.*

CAUSA DE PEDIR (CAUSA PETENDI / PRÓXIMA E REMOTA)

- **Conceito técnico-jurídico:** Conjunto de fatos e fundamentos jurídicos que justificam o pedido formulado pelo autor na petição inicial, delimitando o objeto do processo e os contornos da coisa julgada.
- **Base legal:** Art. 319, III, e art. 330, §1º, I, do CPC/15.
- **Enquadramento doutrinário:** O sistema brasileiro adota a **Teoria da Substanciação**: a causa de pedir é composta pelos fatos (causa de pedir **remota**) e pelo enquadramento jurídico que lhes é dado (causa de pedir **próxima**). Não basta citar a lei; é necessário narrar os fatos que se subsumem à norma.
- **Aplicação prática:** Define os limites da lide (princípio da adstrição) e serve de critério para litispendência e coisa julgada: duas ações só são idênticas se coincidirem partes, pedido e causa de pedir. Após a citação, o autor só pode modificar a causa de pedir com

consentimento do réu; após o saneamento, a alteração é vedada.

- **Observações críticas ou controvérsias:** Embora o juiz conheça o direito (*iura novit curia*), ele está vinculado aos fatos narrados na causa de pedir, não podendo julgar com base em fato estranho ao que foi alegado. Discute-se, na prática, o limite entre mera complementação fática (permitida) e verdadeira alteração da causa de pedir (em regra, proibida).
- **Remissões internas:** Ver também: *Petição Inicial, Pedido, Litispendência, Coisa Julgada, Teoria da Substanciação.*

CAUÇÃO

- **Conceito técnico-jurídico:** Garantia real ou fidejussória prestada em juízo ou fora dele para assegurar o cumprimento de obrigação ou o ressarcimento de eventuais danos decorrentes de medida judicial.
- **Base legal:** Art. 300, §1°, e art. 82, §1°, do CPC/15; normas esparsas em leis especiais.
- **Enquadramento doutrinário:** Atua como **contracautela**: o juiz concede uma tutela provisória, mas exige caução para proteger a parte contrária caso a decisão seja posteriormente revogada. Pode ser real

(dinheiro, hipoteca) ou fidejussória (fiança bancária, seguro garantia).

- **Aplicação prática:** Comum em sustação de protesto, suspensão de exigibilidade de crédito, execução provisória de sentença e liminares de alto impacto econômico. A caução protege o réu de prejuízos indevidos oriundos de decisões provisórias.
- **Observações críticas ou controvérsias:** A dispensa de caução é possível para hipossuficientes e na tutela de direitos fundamentais, mas deve ser ponderada em casos de grande impacto financeiro. A suficiência e idoneidade da caução são temas recorrentes em agravos de instrumento.
- **Remissões internas:** Ver também: *Contracautela, Tutela de Urgência, Fiança Bancária, Seguro Garantia, Execução Provisória.*

CESSÃO DE CRÉDITO

- **Conceito técnico-jurídico:** Negócio jurídico pelo qual o credor (cedente) transfere a terceiro (cessionário), de forma gratuita ou onerosa, sua posição na relação obrigacional, com seus acessórios e garantias, salvo pacto em contrário.
- **Base legal:** Arts. 286 a 298 do Código Civil.

- **Enquadramento doutrinário:** Constitui sucessão inter vivos a título particular no polo ativo da obrigação, sem alterar o conteúdo da dívida, apenas o sujeito credor. Pode ser feita independentemente de anuência do devedor, mas a eficácia plena perante este depende de sua notificação.
- **Aplicação prática:** Base de operações como factoring, securitização de recebíveis e FIDCs. Na prática forense, a ausência de prova da notificação do devedor gera discussões sobre pagamento feito ao credor original e boa-fé do devedor.
- **Observações críticas ou controvérsias:** Na cessão **onerosa**, o cedente responde pela existência do crédito (*veritas nominis*), mas, salvo cláusula expressa (cessão *pro solvendo*), não responde pela solvência do devedor (*bonitas nominis*). Em contratos de consumo, questiona-se a transparência na cessão de carteiras de crédito.
- **Remissões internas:** Ver também: *Sub-rogação, Adimplemento, Títulos de Crédito, Notificação do Devedor.*

CHAMAMENTO AO PROCESSO

- **Conceito técnico-jurídico:** Modalidade de intervenção de terceiros pela qual o réu chama ao processo outros coobrigados (devedores solidários ou fiadores) para que a sentença produza efeitos em relação a todos e facilite eventual regresso.

- **Base legal:** Arts. 130 a 132 do CPC/15.
- **Enquadramento doutrinário:** Fundamenta-se na solidariedade passiva e na economia processual. Diferencia-se da **denunciação da lide**, que está ligada à garantia regressiva contratual ou legal; no chamamento, todos são devedores diretos da obrigação.
- **Aplicação prática:** Muito usado quando apenas um dos devedores solidários é demandado, ou quando o fiador é acionado e chama o devedor principal. A sentença valerá para todos, facilitando acertos de contas internos.
- **Observações críticas ou controvérsias:** É faculdade exclusiva do réu; o autor não pode ser obrigado a demandar todos os devedores. Há debate sobre a conveniência do chamamento em ações de consumo, em que se busca evitar excessivo alongamento processual.
- **Remissões internas:** Ver também: *Intervenção de Terceiros, Solidariedade Passiva, Denunciação da Lide, Benefício de Ordem.*

CITAÇÃO (MODALIDADES E VALIDADE)

- **Conceito técnico-jurídico:** Ato pelo qual se convoca o réu, executado ou interessado para integrar a relação processual, sendo pressuposto indispensável de validade do processo, salvo hipóteses excepcionais de revelia ficta em procedimentos específicos.
- **Base legal:** Arts. 238 a 259 do CPC/15.
- **Enquadramento doutrinário:** É ato solene que inaugura o contraditório. O CPC/15 privilegia a citação por meio eletrônico; em seguida, vêm correio, oficial de justiça, escrivão/chefe de secretaria e, em último caso, edital.
- **Aplicação prática:** A ausência ou nulidade de citação é vício gravíssimo, passível de alegação a qualquer tempo, inclusive após o trânsito em julgado, por meio de **querela nullitatis**. Em pessoas jurídicas, aplica-se a teoria da aparência: a entrega ao responsável pela correspondência pode ser considerada válida.
- **Observações críticas ou controvérsias:** A citação por **hora certa** exige suspeita de ocultação do réu (duas tentativas frustradas) e rigor formal; a citação por **edital** é excepcional e depende do esgotamento prévio de diligências reais, sob pena de nulidade absoluta.
- **Remissões internas:** Ver também: *Revelia, Querela Nullitatis, Teoria da Aparência, Curatela Especial.*

CLÁUSULA COMPROMISSÓRIA

- **Conceito técnico-jurídico:** Convenção de arbitragem inserida em contrato pela qual as partes se obrigam a submeter à arbitragem os litígios que venham a surgir em relação àquele negócio.
- **Base legal:** Arts. 3° a 8° da Lei n° 9.307/96.
- **Enquadramento doutrinário:** Possui natureza de cláusula de exclusão da jurisdição estatal para os litígios abarcados. Pelo princípio da separabilidade, a nulidade do contrato principal não implica, automaticamente, a nulidade da cláusula compromissória.
- **Aplicação prática:** Em contratos empresariais e internacionais, define-se instituição arbitral, local (seat), idioma e lei aplicável. Proposta ação no Judiciário em descumprimento da cláusula, a partc demandada deve alegar a convenção em preliminar de contestação para obter a extinção do processo estatal.
- **Observações críticas ou controvérsias:** Em contratos de adesão, a cláusula compromissória só é válida se o aderente tomar a iniciativa da arbitragem ou concordar expressamente em documento apartado ou em destaque (art. 4°, §2°, da Lei 9.307/96). Cláusulas mal redigidas ("cláusulas

patológicas") podem impedir ou dificultar a instauração da arbitragem.

- **Remissões internas:** Ver também: *Arbitragem, Compromisso Arbitral, Kompetenz-Kompetenz, Contrato de Adesão.*

CLÁUSULA PENAL

- **Conceito técnico-jurídico:** Pacto acessório por meio do qual as partes estipulam previamente uma pena (geralmente em dinheiro) para o caso de descumprimento total (compensatória) ou atraso (moratória) da obrigação principal.
- **Base legal:** Arts. 408 a 416 do Código Civil.
- **Enquadramento doutrinário:** Tem função **coercitiva** (estimular o adimplemento) e **indenizatória** (liquidar antecipadamente as perdas e danos). A cláusula penal substitui a necessidade de demonstrar o prejuízo, bastando provar o inadimplemento.
- **Aplicação prática:** Muito comum em contratos imobiliários, de prestação de serviços e empresariais. Em juízo, uma vez configurado o descumprimento, discute-se sobretudo o valor da penalidade e a possibilidade de redução equitativa.
- **Observações críticas ou controvérsias:** O juiz deve reduzir equitativamente a pena se a obrigação principal tiver sido cumprida em

parte ou se a penalidade for manifestamente excessiva (art. 413 do CC), norma de ordem pública que não pode ser afastada por convenção contratual.

- **Remissões internas:** Ver também: *Astreintes, Perdas e Danos, Adimplemento Substancial, Abusividade de Cláusulas.*

CLÁUSULAS ABUSIVAS

- **Conceito técnico-jurídico:** Disposições contratuais que, em detrimento do consumidor ou parte aderente, estabelecem obrigações iníquas, desproporcionais ou incompatíveis com a boa-fé e a equidade, colocando-o em desvantagem exagerada.
- **Base legal:** Art. 51 do CDC; art. 424 do Código Civil.
- **Enquadramento doutrinário:** São nulas de pleno direito, independentemente de declaração expressa, preservando-se o contrato no que for possível. Em contratos de adesão sujeito ao CDC, o controle de abusividade é amplo e orientado por critérios de proteção do hipossuficiente.
- **Aplicação prática:** Exemplos típicos: renúncia antecipada a direitos essenciais, inversão do ônus da prova contra o consumidor, cláusulas que autorizam rescisão

unilateral imotivada apenas pelo fornecedor, limitações indevidas de responsabilidade.

- **Observações críticas ou controvérsias:** Fora das relações de consumo, o controle de abusividade é bem mais restrito, prevalecendo o princípio do *pacta sunt servanda*, salvo quando comprovado desequilíbrio estrutural, vícios de consentimento ou violação flagrante à boa-fé objetiva.
- **Remissões internas:** Ver também: *Contrato de Adesão, Boa-fé Objetiva, Dirigismo Contratual, Revisão Contratual.*

COGNIÇÃO (SUMÁRIA x EXAUSTIVA)

- **Conceito técnico-jurídico:** Atividade intelectual do juiz de conhecer e analisar alegações e provas para formar convencimento, que pode se dar em grau de probabilidade (cognição sumária) ou de certeza relativa (cognição exaustiva).
- **Base legal:** Art. 294 (tutelas provisórias) e art. 489 (sentença) do CPC/15.
- **Enquadramento doutrinário:** A cognição **sumária** apoia-se em juízo de probabilidade (*fumus boni iuris*), típico de decisões liminares e tutelas de urgência/evidência. A cognição **exaustiva** exige contraditório pleno e instrução probatória, caracterizando

sentenças de mérito após regular processamento.

- **Aplicação prática:** Na petição de tutela provisória, a estratégia é focar em elementos suficientes para convencimento sumário; já na instrução, busca-se robustez probatória para cognição exaustiva. Decisões em cognição sumária são, em regra, revogáveis e não fazem coisa julgada material.
- **Observações críticas ou controvérsias:** Discute-se até que ponto decisões proferidas em cognição sumária, mas com longa duração prática, não produzem, na realidade, efeitos equivalentes à coisa julgada, especialmente em matérias de políticas públicas.
- **Remissões internas:** Ver também: *Tutela de Urgência, Tutela de Evidência, Sentença, Prova.*

COMODATO

- **Conceito técnico-jurídico:** Contrato unilateral e gratuito pelo qual o comodante entrega ao comodatário coisa infungível (em regra, imóvel ou bem móvel específico) para uso temporário, com obrigação de restituição.
- **Base legal:** Arts. 579 a 585 do Código Civil.
- **Enquadramento doutrinário:** É o "empréstimo de uso". Distingue-se do **mútuo**, em que a coisa é fungível (dinheiro, grãos) e

não precisa ser devolvida a mesma unidade, mas outra da mesma espécie e quantidade.

- **Aplicação prática:** Muito comum em relações familiares e parcerias empresariais (empréstimo de máquinas, salas, imóveis). Vencido o prazo ou notificado para desocupação, a permanência transforma a posse em **precária**, autorizando ações possessórias e eventual cobrança de aluguel-pena.
- **Observações críticas ou controvérsias:** O comodatário responde pela conservação da coisa com diligência e não pode usá-la para fim diverso do combinado. A indenização por benfeitorias depende de convenção e da natureza das obras realizadas.
- **Remissões internas:** Ver também: *Mútuo, Posse Precária, Reintegração de Posse, Benfeitorias.*

COMPENSAÇÃO

- **Conceito técnico-jurídico:** Forma de extinção de obrigações que ocorre quando duas pessoas são, ao mesmo tempo, credoras e devedoras uma da outra, extinguindo-se as dívidas até onde se equivalerem.
- **Base legal:** Arts. 368 a 380 do Código Civil.
- **Enquadramento doutrinário:** Exige reciprocidade, liquidez, exigibilidade e

fungibilidade (mesma espécie) dos créditos. A compensação é, em regra, automática quando presentes os requisitos, mas pode ser renunciada pelas partes.

- **Aplicação prática:** Em ações de cobrança, é frequentemente arguida em contestação para reduzir o valor devido. No Direito Tributário, a compensação é regulada por lei específica e depende de requisitos próprios para abatimento de débitos fiscais.
- **Observações críticas ou controvérsias:** Créditos de natureza alimentar (pensão, salários) não são, em regra, compensáveis, dada sua destinação à subsistência. Há restrições também em relações de consumo, para evitar abusos de fornecedores.
- **Remissões internas:** Ver também: *Adimplemento, Confusão, Novação, Dívidas Alimentares.*

COMPLIANCE (CONFORMIDADE)

- **Conceito técnico-jurídico:** Conjunto de políticas, procedimentos e controles internos destinados a assegurar que a organização, seus administradores e colaboradores atuem em conformidade com leis, regulamentos e padrões éticos aplicáveis.
- **Base legal:** Lei nº 12.846/2013 (Lei Anticorrupção) e Decreto nº 11.129/2022

(regulamentação); normas setoriais (bancário, mercado de capitais, saúde etc.).

- **Enquadramento doutrinário:** Evoluiu de instrumento meramente ético para ferramenta central de gestão de riscos legais, reputacionais e regulatórios. Programas de integridade efetivos podem atenuar sanções administrativas e civis impostas às pessoas jurídicas.
- **Aplicação prática:** Essencial em operações de M&A, contratos com o Poder Público e setores regulados. Inclui códigos de conduta, canais de denúncia, treinamentos, due diligence de terceiros, controles de lavagem de dinheiro e políticas anticorrupção.
- **Observações críticas ou controvérsias:** Fala-se em *paper compliance* quando o programa existe apenas formalmente, sem efetividade prática. Para fins de redução de sanções, exige-se **compliance efetivo**, com autonomia, recursos e histórico de atuação concreta.
- **Remissões internas:** Ver também: *Due Diligence, Responsabilidade Objetiva da Pessoa Jurídica, Governança Corporativa, Lei Anticorrupção*.

COMPETÊNCIA (ABSOLUTA E RELATIVA)

- **Conceito técnico-jurídico:** Medida da jurisdição atribuída a cada órgão do Judiciário para processar e julgar causas, definida segundo critérios de matéria, pessoa, função, território e valor da causa.
- **Base legal:** Arts. 42 a 66 do CPC/15; Constituição Federal (competência dos tribunais e justiças especializadas); leis de organização judiciária.
- **Enquadramento doutrinário:** A competência **absoluta** (matéria, pessoa, função) é inderrogável, não se sujeita à prorrogação e deve ser reconhecida de ofício. A competência **relativa** (territorial e valor da causa) pode ser modificada por eleição de foro ou pela ausência de arguição oportuna de incompetência pelo réu.
- **Aplicação prática:** O réu deve impugnar a competência relativa em preliminar de contestação; se não o faz, ocorre prorrogação. Já a absoluta pode ser arguida em qualquer grau de jurisdição, até a sentença, e, em alguns casos, mesmo após o trânsito em julgado, em sede de rescisória.
- **Observações críticas ou controvérsias:** O CPC/15 privilegiou o aproveitamento dos atos já praticados quando se reconhece incompetência, enviando o processo ao juízo competente, em vez de simplesmente extinguir. Cláusulas de eleição de foro em contratos de adesão, especialmente em

consumo, são frequentemente limitadas pela jurisprudência em favor do consumidor.
- **Remissões internas:** Ver também: *Foro, Incompetência Absoluta, Incompetência Relativa, Eleição de Foro, Juiz Natural.*

COMPETÊNCIA (CONFLITO DE)

- **Conceito técnico-jurídico:** Incidente processual que ocorre quando dois ou mais juízes se declaram competentes (conflito positivo) ou incompetentes (conflito negativo) para julgar a mesma causa.
- **Base legal:** Arts. 66 e 951 a 959 do CPC/15.
- **Enquadramento doutrinário:** Visa preservar o juiz natural e evitar decisões conflitantes ou paralisação do processo por recusa de juízo. É solucionado pelo tribunal imediatamente superior aos juízes em conflito (TJ, TRF ou tribunais superiores).
- **Aplicação prática:** Comum em casos de grande repercussão territorial (acidentes coletivos, danos em massa) ou em situações de dúvida entre justiça estadual, federal, trabalho ou juizados especiais. Enquanto não decidida a controvérsia, o processo pode ficar suspenso.
- **Observações críticas ou controvérsias:** O CPC/15 reforçou que a incompetência relativa se prorroga se não arguida tempestivamente,

o que reduz conflitos sobre esse aspecto. Em contrapartida, conflitos envolvendo competência absoluta permanecem sensíveis, sobretudo em ações coletivas e estruturais.

- **Remissões internas:** Ver também: *Juiz Natural, Prorrogação de Competência, Litispendência, Ações Coletivas.*

CONDIÇÃO DA AÇÃO E TEORIA DA ASSERÇÃO

- **Conceito técnico-jurídico:** Requisitos mínimos que, se presentes em tese na petição inicial (possibilidade jurídica, legitimidade, interesse de agir), autorizam o julgamento de mérito, analisados segundo a **teoria da asserção**, que considera verdadeiras, em um primeiro momento, as alegações do autor.
- **Base legal:** Arts. 17, 330, §1º, e 485, VI, do CPC/15.
- **Enquadramento doutrinário:** Embora o CPC/15 não trate mais "condições da ação" como categoria autônoma, a prática ainda utiliza a tríade clássica, agora sob a roupagem de pressupostos processuais e hipóteses de extinção sem julgamento de mérito. A teoria da asserção impede exame probatório profundo na triagem inicial.
- **Aplicação prática:** Fundamenta extinções sem resolução de mérito quando, mesmo

aceitando as alegações, não se identifica legitimidade ou interesse (ex.: terceiro totalmente alheio à relação jurídica). Também serve para afastar indeferimentos prematuros quando o juiz exige prova exauriente antes da fase instrutória.

- **Observações críticas ou controvérsias:** Discute-se se a manutenção da categoria "condições da ação" é útil sob o CPC/15 ou se basta falar em "pressupostos processuais". Em ações coletivas, a teoria da asserção é usada para admitir legitimados extraordinários mesmo diante de discussões sobre representatividade adequada.
- **Remissões internas:** Ver também: *Pressupostos Processuais, Extinção sem Resolução de Mérito, Legitimidade Ativa, Interesse de Agir, Inépcia da Petição Inicial.*

CONEXÃO E CONTINÊNCIA

- **Conceito técnico-jurídico:** Institutos de modificação de competência que visam reunir processos para julgamento conjunto quando há identidade relevante de elementos: na **conexão**, identidade de pedido ou causa de pedir; na **continência**, uma ação abrange integralmente outra, acrescida de parte do pedido ou de partes.
- **Base legal:** Arts. 55 a 57 do CPC/15.

- **Enquadramento doutrinário:** Fundam-se na segurança jurídica e na economia processual. Na conexão, previne-se a ocorrência de decisões contraditórias sobre a mesma relação jurídica ou fatos próximos; na continência, evita-se duplicidade de ações quando uma é mais ampla.
- **Aplicação prática:** Exemplo clássico: ação revisional de contrato e execução do mesmo contrato, propostas em juízos diferentes – a conexão justifica reunião dos processos no juízo prevento (que primeiro despachou ou registrou). Na continência, a ação com pedido mais amplo absorve a mais restrita.
- **Observações críticas ou controvérsias:** O CPC/15 admite reunião mesmo sem conexão estrita, quando houver risco concreto de decisões conflitantes, ampliando o poder de gestão de processos complexos. Em ações coletivas, a conexão com ações individuais levanta debates sobre concentração de competência.
- **Remissões internas:** Ver também: *Prevenção, Litispendência, Competência, Ações Coletivas.*

CONSIGNAÇÃO EM PAGAMENTO

- **Conceito técnico-jurídico:** Meio de extinção da obrigação pelo qual o devedor deposita judicial ou extrajudicialmente a prestação devida, para se liberar quando o credor se recusa a receber, não dá quitação, está em mora ou há dúvida sobre quem deva legitimamente receber.

- **Base legal:** Arts. 334 a 345 do Código Civil; arts. 539 a 549 do CPC/15.
- **Enquadramento doutrinário:** Forma de adimplemento forçado, que protege o devedor contra mora e encargos adicionais quando o credor cria obstáculos ao pagamento. A consignação pode ser judicial (processo próprio) ou extrajudicial (depósito em instituição financeira, nos termos legais).
- **Aplicação prática:** Muito usada em locações (locador que se recusa a receber aluguel), em disputas sucessórias (dúvida sobre herdeiros) e em obrigações com credores múltiplos. A consignação libera o devedor até o limite do valor depositado, mesmo que o credor discuta a suficiência da quantia.
- **Observações críticas ou controvérsias:** Se o depósito for insuficiente, a ação pode ser julgada improcedente em parte, mas o devedor se libera até o valor depositado. Em alguns casos, o credor pode levantar a parcela incontroversa sem prejudicar o prosseguimento quanto ao saldo residual.
- **Remissões internas:** Ver também: *Mora do Credor, Adimplemento, Depósito Judicial, Execução.*

CONCURSO DE CREDORES

- **Conceito técnico-jurídico:** Situação em que o patrimônio do devedor é insuficiente para satisfazer todos os credores, exigindo procedimento de distribuição ordenada dos valores observando preferências e privilégios legais.
- **Base legal:** Arts. 955 a 965 do Código Civil; Lei nº 11.101/2005 (recuperação e falência).
- **Enquadramento doutrinário:** Rege-se pelo princípio da *par conditio creditorum*, temperado por privilégios (trabalhistas, tributários, garantias reais). Distingue-se entre concurso **universal** (falência, insolvência) e concursos **especiais** (sobre bem específico penhorado em várias execuções).
- **Aplicação prática:** Quando vários credores penhoram o mesmo bem, o produto da alienação é partilhado conforme a ordem de preferência: créditos trabalhistas, garantias reais, tributos com privilégio e, por fim, créditos quirografários. Na falência, o quadro geral de credores organiza essa ordem.
- **Observações críticas ou controvérsias:** A extensão dos privilégios trabalhistas e tributários e a posição dos credores com garantia real em relação a esses créditos são temas recorrentes no STJ e STF. A proteção ao crédito trabalhista concorre com a

necessidade de previsibilidade para o mercado de crédito.

- **Remissões internas:** Ver também: *Falência, Recuperação Judicial, Crédito Quirografário, Preferências e Privilégios Creditórios, Penhora.*

CONFUSÃO

- **Conceito técnico-jurídico:** Modo de extinção de obrigações que ocorre quando as qualidades de credor e devedor se reúnem na mesma pessoa quanto ao mesmo crédito.
- **Base legal:** Arts. 381 a 384 do Código Civil.
- **Enquadramento doutrinário:** Ninguém pode ser credor e devedor de si mesmo; por isso, a obrigação se extingue, total ou parcialmente, conforme a extensão da confusão. Pode surgir por sucessão (herdeiro credor e devedor) ou por reestruturações societárias (fusão/incorporação entre empresas credora e devedora).
- **Aplicação prática:** Em inventários, dívidas que o herdeiro tinha com o falecido podem ser extintas por confusão ao receber a herança. Em fusões, contratos entre as sociedades envolvidas deixam de fazer sentido e se extinguem.
- **Observações críticas ou controvérsias:** Se a confusão cessar (anulação de testamento,

desfazimento de fusão), admite-se, em tese, o "renascimento" da obrigação, preservando-se acessórios, salvo direitos de terceiros. Discussões surgem sobre efeitos em garantias adjacentes (fiança, hipoteca).

- **Remissões internas:** Ver também: *Sucessão, Extinção das Obrigações, Fusão e Incorporação, Compensação.*

CONTRADITÓRIO (PRINCÍPIO DO)

- **Conceito técnico-jurídico:** Garantia constitucional que assegura às partes o direito de serem informadas sobre todos os atos do processo e de se manifestar sobre eles, com possibilidade real de influenciar a decisão judicial.
- **Base legal:** Art. 5°, LV, da CF/88; arts. 7° a 10 do CPC/15.
- **Enquadramento doutrinário:** Evoluiu do mero binômio "ciência–reação" para o **poder de influência**: o juiz não pode decidir com base em fundamento sobre o qual as partes não tiveram oportunidade de se pronunciar (proibição da decisão surpresa).
- **Aplicação prática:** Exige intimação prévia antes de decisões relevantes, inclusive em matérias cognoscíveis de ofício (prescrição, nulidades). Em tutelas de urgência, admite-se

contraditório diferido (após a decisão liminar), mas nunca suprimido.

- **Observações críticas ou controvérsias:** Decisões-surpresa, proferidas com base em fundamentos não debatidos, são causa de nulidade. A extensão do dever de consulta judicial é tema de forte debate, sobretudo em julgamentos de recursos repetitivos e ações estruturais.
- **Remissões internas:** Ver também: *Devido Processo Legal, Ampla Defesa, Julgamento Surpresa, Nulidade Processual.*

CONTRATO DE ADESÃO

- **Conceito técnico-jurídico:** Contrato cujas cláusulas são previamente estabelecidas, de modo unilateral, por uma das partes (estipulante), restando à outra (aderente) apenas aceitar ou recusar o negócio, sem possibilidade real de discutir seu conteúdo.
- **Base legal:** Art. 54 do CDC; arts. 423 e 424 do Código Civil.
- **Enquadramento doutrinário:** Caracteriza-se pela rigidez da oferta e pela desigualdade estrutural entre as partes. Em caso de dúvida, a interpretação deve ser mais favorável ao aderente, especialmente nas relações de consumo.

- **Aplicação prática:** Predomina em serviços bancários, seguros, planos de saúde, telecomunicações e plataformas digitais. Cláusulas que impliquem renúncia antecipada a direitos inerentes à natureza do contrato são nulas de pleno direito.
- **Observações críticas ou controvérsias:** A inserção de cláusula compromissória (arbitragem) em contratos de adesão exige requisitos formais rigorosos para ser válida, sob pena de ser considerada abusiva. Debates atuais envolvem contratos digitais, termos de uso e consentimentos "em bloco" em aplicativos.
- **Remissões internas:** Ver também: *Cláusulas Abusivas, Boa-fé Objetiva, Arbitragem, Dirigismo Contratual.*

CONTUMÁCIA

- **Conceito técnico-jurídico:** Estado de inércia relevante da parte em praticar ato processual essencial ou em comparecer a atos para os quais foi regularmente intimada, comprometendo o andamento do processo.
- **Base legal:** Art. 344 (revelia) e art. 485, III (abandono) do CPC/15.
- **Enquadramento doutrinário:** No réu, manifesta-se principalmente pela **revelia**; no autor, pelo **abandono da causa**. Expressa

descumprimento do dever de cooperação e de impulsão processual.

- **Aplicação prática:** A contumácia do autor por mais de 30 dias só autoriza extinção do processo se o réu a requerer (Súmula 240 do STJ). A contumácia do réu (revelia) pode gerar presunção de veracidade dos fatos alegados pelo autor, salvo nas hipóteses legais de inaplicabilidade.
- **Observações críticas ou controvérsias:** Nem toda omissão gera contumácia relevante; é preciso que impeça a marcha processual ou implique descumprimento sério de dever processual. Distingue-se de meras preclusões pontuais.
- **Remissões internas:** Ver também: *Revelia, Abandono da Causa, Preclusão, Dever de Cooperação.*

CORREGEDORIA (GERAL DE JUSTIÇA)

- **Conceito técnico-jurídico:** Órgão administrativo do Poder Judiciário responsável por fiscalizar, orientar e disciplinar a atuação de magistrados de 1º grau, servidores e serviços extrajudiciais (cartórios) na respectiva jurisdição.
- **Base legal:** Art. 103-B, §5º, da CF/88 (CNJ); regimentos internos dos tribunais; normas das corregedorias.

- **Enquadramento doutrinário:** Integra o sistema de controle interno do Judiciário, ao lado do Conselho Nacional de Justiça. Não revê mérito de decisões judiciais (função recursal), atuando apenas na esfera administrativa e disciplinar.
- **Aplicação prática:** Instrumentos como reclamação correicional e pedido de providências são utilizados em casos de excesso de prazo, irregularidades cartoriais ou condutas inadequadas de magistrados e servidores.
- **Observações críticas ou controvérsias:** Há tensão permanente entre a independência funcional do juiz e o poder disciplinar da corregedoria, especialmente em situações em que a morosidade ou a gestão deficiente da vara se confundem com a liberdade de convicção.
- **Remissões internas:** Ver também: *Conselho Nacional de Justiça (CNJ), Responsabilidade Administrativa de Magistrados, Serviços Extrajudiciais*.

CULPA (IN ELIGENDO, IN VIGILANDO E IN COMMITTENDO)

- **Conceito técnico-jurídico:** Modalidade de conduta culposa caracterizada pelo descumprimento do dever de cuidado (imprudência, negligência ou imperícia), podendo se manifestar na má escolha de terceiros, na falta de fiscalização ou na prática direta de ato lesivo.

- **Base legal:** Arts. 186 e 927 do Código Civil.
- **Enquadramento doutrinário:**
  - **Culpa in eligendo:** má escolha de preposto, empregado ou prestador de serviço.
  - **Culpa in vigilando:** falha na vigilância ou supervisão de terceiros sob responsabilidade do agente.
  - **Culpa in committendo:** prática de ato positivo imprudente, negligente ou imperito.

    Embora o Código de 2002 tenha fortalecido hipóteses de responsabilidade objetiva (especialmente do empregador), as categorias continuam úteis para definir responsabilidade de entes públicos, escolas, hospitais e empresas.
- **Aplicação prática:** Muito invocadas em casos de terceirização, acidentes de trabalho, responsabilidade de instituições de ensino e hospitais por atos de seus profissionais e na responsabilização do Estado por omissão na fiscalização.
- **Observações críticas ou controvérsias:** Em relações de consumo e atividades de risco, a prova de culpa é dispensada, mas permanece

essencial na responsabilidade de profissionais liberais (médicos, advogados, engenheiros), onde se exige demonstração de violação do padrão técnico de atuação.

- **Remissões internas:** Ver também: *Responsabilidade Objetiva, Nexo de Causalidade, Preposto, Responsabilidade do Empregador.*

CURATELA ESPECIAL

- **Conceito técnico-jurídico:** Encargo processual conferido pelo juiz a representante (em regra, Defensoria Pública ou advogado dativo) para defender os interesses de réus incapazes sem representante, réus presos ou réus citados por edital ou hora certa que permanecem reveles.
- **Base legal:** Art. 72 do CPC/15.
- **Enquadramento doutrinário:** Medida de proteção ao contraditório e à ampla defesa, garantindo representação mínima à parte que, de outro modo, ficaria sem defesa técnica.
- **Aplicação prática:** O curador especial pode apresentar contestação por **negação geral**, tornando controvertidos os fatos alegados pelo autor e afastando, em regra, os efeitos materiais da revelia. Sua atuação é obrigatória nas hipóteses legais, sob pena de nulidade do processo.

- **Observações críticas ou controvérsias:** A falta de nomeação de curador especial em caso exigido gera nulidade absoluta a partir do ato que deveria ter sido praticado. Debate-se a extensão do dever de diligência do curador, especialmente quando atua em grande volume de feitos por designação automática.
- **Remissões internas:** Ver também: *Revelia, Citação por Edital, Citação por Hora Certa, Defensoria Pública.*

CUSTAS JUDICIAIS

- **Conceito técnico-jurídico:** Valores de natureza tributária (taxas) devidos ao Estado pela utilização da estrutura judiciária e pela prática de atos processuais.
- **Base legal:** Arts. 82 a 97 do CPC/15; leis estaduais de custas e emolumentos.
- **Enquadramento doutrinário:** Têm natureza de **taxa de serviço**. O não pagamento das custas iniciais pode acarretar cancelamento da distribuição; o preparo insuficiente de recurso pode gerar deserção se não complementado no prazo legal.
- **Aplicação prática:** O correto cálculo do preparo recursal é ponto sensível na prática: insuficiência de preparo pode tornar o recurso deserto. A concessão de **justiça gratuita**

isenta o pagamento, mas para pessoas jurídicas exige prova de incapacidade financeira, não bastando mera declaração.

- **Observações críticas ou controvérsias:** A rigidez na aplicação da deserção pode ser relativizada em situações de dúvida objetiva sobre o valor devido ou de erro escusável de cálculo, especialmente em prol do acesso à justiça.
- **Remissões internas:** Ver também: *Justiça Gratuita, Deserção, Preparo, Emolumentos.*

CUMPRIMENTO DE SENTENÇA

- **Conceito técnico-jurídico:** Fase do processo em que se busca a satisfação coercitiva de obrigação reconhecida em decisão judicial (sentença ou decisão com força de título judicial), seja de forma definitiva (trânsito em julgado) ou provisória.
- **Base legal:** Arts. 513 a 538 do CPC/15.
- **Enquadramento doutrinário:** O CPC/15 adotou o modelo de processo sincrético: conhecimento e execução judicial reúnem-se em um único processo, dispensando ação de execução autônoma para títulos judiciais.
- **Aplicação prática:** Inicia-se por requerimento do credor. Intimado o devedor para pagar em 15 dias e não o fazendo, incidem multa de 10% e honorários de 10%

sobre o débito, autorizando penhora imediata de bens. O devedor pode opor **impugnação ao cumprimento de sentença**, com matérias de defesa limitadas.

- **Observações críticas ou controvérsias:** Discute-se a extensão do poder do juiz para, de ofício, adotar meios executivos atípicos (suspensão de CNH, bloqueio de cartões) para dar efetividade à execução, confrontando princípios da proporcionalidade e da menor onerosidade ao devedor.
- **Remissões internas:** Ver também: *Título Executivo Judicial, Impugnação ao Cumprimento de Sentença, Penhora, Meios Executivos Atípicos.*

LETRA D

DAÇÃO EM PAGAMENTO (*DATIO IN SOLUTUM*)

Conceito técnico-jurídico: Acordo pelo qual o credor consente em receber prestação diversa da originalmente devida (geralmente um bem em lugar de dinheiro), extinguindo a obrigação.

- **Base legal:** Arts. 356 a 359 do Código Civil.
- **Enquadramento doutrinário:** Forma de pagamento indireto que exige consentimento do credor e entrega imediata do bem. Diferencia-se da novação porque não cria nova obrigação; extingue a antiga pela prestação substitutiva.
- **Aplicação prática:** Usada em renegociações de dívidas, como a entrega de imóvel ao banco para quitar financiamento. Se o bem sofrer evicção, desfaz-se a quitação e renasce a obrigação primitiva.
- **Observações críticas ou controvérsias:** Questiona-se a validade quando houver desproporção gritante entre o valor do bem e o crédito, com risco de fraude contra credores ou lesão.
- **Remissões internas:** Ver também: *Novação, Evicção, Adimplemento, Consignação em Pagamento.*

DANO (MORAL, MATERIAL E ESTÉTICO)

Conceito técnico-jurídico: Prejuízo patrimonial ou extrapatrimonial sofrido por alguém em razão de ato ilícito ou atividade de risco de terceiro, abrangendo danos materiais, morais e estéticos.

- **Base legal:** Art. 5º, V e X, da CF/88; arts. 186, 927 e 944 do Código Civil; Súmula 387 do STJ.
- **Enquadramento doutrinário:**
  - Dano material: danos emergentes e lucros cessantes.
  - Dano moral: lesão à honra, imagem, intimidade, psique.
  - Dano estético: alteração morfológica externa geradora de desfiguração ou complexo, cumulável com dano moral.
- **Aplicação prática:** Danos materiais exigem prova concreta; danos morais são arbitrados segundo gravidade, extensão do dano e capacidade econômica das partes (método bifásico no STJ).
- **Observações críticas ou controvérsias:** A jurisprudência afasta o "mero aborrecimento", exigindo violação significativa à dignidade ou ao tempo útil do consumidor (desvio produtivo).
- **Remissões internas:** Ver também: *Lucros Cessantes, Responsabilidade Civil, Nexo de Causalidade, Quantum Indenizatório.*

DECADÊNCIA

Conceito técnico-jurídico: Perda do próprio direito material pelo seu não exercício dentro do prazo legal ou contratual fixado.

Base legal: Arts. 207 a 211 do Código Civil; prazos específicos no CDC e na Lei do Mandado de Segurança.

- **Enquadramento doutrinário:** Distingue-se da prescrição: na decadência perece o direito; na prescrição, a pretensão de exigi-lo em juízo. Em regra, prazos decadenciais não se suspendem nem se interrompem, salvo exceção legal.
- **Aplicação prática:** Exemplos: 90 dias para reclamar de vícios aparentes em produtos duráveis e 120 dias para impetrar mandado de segurança. Reconhecida a decadência, o juiz extingue o processo com resolução de mérito.
- **Observações críticas ou controvérsias:** A correta classificação do prazo (prescricional x decadencial) afeta suspensão, interrupção, possibilidade de renúncia e a própria estratégia processual.
- **Remissões internas:** Ver também: *Prescrição, Preclusão, Vício Redibitório, Mandado de Segurança.*

DEPOIMENTO PESSOAL

Conceito técnico-jurídico: Meio de prova em que a parte é inquirida pelo juiz sobre fatos controvertidos da causa, visando principalmente à obtenção de confissão.

- **Base legal:** Arts. 385 a 388 do CPC/15.

- **Enquadramento doutrinário:** A parte não pode requerer o próprio depoimento, apenas o da parte adversa. A finalidade não é repetir a narrativa da petição, mas explorar contradições e extrair confissão de fatos desfavoráveis.
- **Aplicação prática:** A ausência injustificada ou recusa em depor, quando intimado pessoalmente, autoriza a aplicação da pena de confissão quanto aos fatos que a parte deveria esclarecer.
- **Observações críticas ou controvérsias:** Ninguém é obrigado a depor sobre fatos criminosos ou torpes que lhe sejam imputados, nem sobre fatos protegidos por sigilo profissional ou de Estado.
- **Remissões internas:** Ver também: *Confissão, Audiência de Instrução e Julgamento, Ônus da Prova.*

DESAPROPRIAÇÃO Conceito técnico-jurídico: Procedimento pelo qual o Estado, de forma unilateral e compulsória, retira a propriedade de bem particular, transferindo-a para o patrimônio público ou de delegatário, mediante prévia e justa indenização, salvo hipóteses constitucionais especiais.

- **Base legal:** Art. 5º, XXIV, da CF/88; Decreto-Lei nº 3.365/41; Lei nº 4.132/62.

- **Enquadramento doutrinário:** Forma de aquisição originária da propriedade, baseada na supremacia do interesse público. Divide-se em desapropriação por utilidade pública e por interesse social, entre outras modalidades.
- **Aplicação prática:** Compreende fase declaratória (decreto expropriatório) e fase executiva (acordo ou ação judicial para discussão de valor). O debate recai quase sempre sobre o quantum indenizatório.
- **Observações críticas ou controvérsias:** A desapropriação indireta ocorre quando o Estado se apossa do bem sem seguir o rito; o proprietário pode pleitear indenização, sujeita a prazo prescricional, em regra, de 10 anos.
- **Remissões internas:** Ver também: *Intervenção na Propriedade, Justa Indenização, Servidão Administrativa, Usucapião.*

DESERÇÃO

Conceito técnico-jurídico: Sanção processual que impede o conhecimento de recurso em razão da falta de pagamento ou do recolhimento insuficiente do preparo recursal.

- **Base legal:** Art. 1.007 do CPC/15.
- **Enquadramento doutrinário:** Configura pressuposto extrínseco de admissibilidade. Sem preparo regular, o recurso é tido por

deserto, salvo hipóteses de dispensa ou gratuidade.

- **Aplicação prática:** O CPC/15 prevê que, ausente a comprovação do preparo, o relator intime a parte para pagar em dobro; se o preparo for insuficiente, intima para complementação simples em 5 dias.
- **Observações críticas ou controvérsias:** Não há deserção se a parte é beneficiária da justiça gratuita, se o recurso é do MP ou de ente isento. Discussões surgem em casos de erro escusável no cálculo ou de custas excessivamente complexas.
- **Remissões internas:** Ver também: *Preparo, Admissibilidade Recursal, Justiça Gratuita, Preclusão.*

DESPACHO (x DECISÃO INTERLOCUTÓRIA) Conceito técnico-jurídico: Despacho é o ato judicial de mero expediente destinado a impulsionar o processo, sem conteúdo decisório e sem impacto imediato em direitos das partes.

- **Base legal:** Art. 203, §3°, e art. 1.001 do CPC/15.
- **Enquadramento doutrinário:** Despachos são irrecorríveis; distinguem-se das decisões interlocutórias, que possuem carga decisória e são recorríveis por agravo de instrumento ou preliminar de apelação.

- **Aplicação prática:** É crucial identificar a essência do ato: se, sob a forma de "despacho", o juiz indefere prova ou resolve incidente, trata-se de decisão interlocutória, passível de recurso.
- **Observações críticas ou controvérsias:** A forma não prevalece sobre o conteúdo; a errônea rotulação do ato não pode impedir o exercício do direito de recorrer.
- **Remissões internas:** Ver também: *Decisão Interlocutória, Sentença, Agravo de Instrumento, Preclusão.*

DESPEJO

- **Conceito técnico-jurídico:** Ação própria para retomada da posse direta de imóvel urbano locado, proposta pelo locador nas hipóteses previstas em lei (falta de pagamento, infração contratual, término do prazo, necessidade própria, obras etc.).
- **Base legal:** Lei nº 8.245/91.
- **Enquadramento doutrinário:** É a via adequada para desocupação em locações urbanas, afastando o uso de ações possessórias quando a relação for locatícia.
- **Aplicação prática:** Para falta de pagamento, admite-se liminar de desocupação em 15 dias, se não houver garantia locatícia vigente e o locador prestar caução. O locatário pode evitar o despejo purgando a mora, pagando integralmente o débito.

- **Observações críticas ou controvérsias:** Despejos baseados em uso próprio ou reformas estruturais exigem rigor na prova da necessidade e podem envolver indenizações por benfeitorias ou lucros cessantes.
- **Remissões internas:** Ver também: *Locação Urbana, Purgação da Mora, Denúncia Vazia, Caução.*

DESCONSIDERAÇÃO DA PERSONALIDADE JURÍDICA

Conceito técnico-jurídico: Medida excepcional que afasta a separação entre patrimônios da pessoa jurídica e de seus sócios/administradores (ou o inverso), para atingir bens destes e estancar fraudes ou abusos.

- **Base legal:** Art. 50 do Código Civil; art. 28 do CDC; arts. 133 a 137 do CPC/15.
- **Enquadramento doutrinário:**
  - Teoria maior: exige desvio de finalidade ou confusão patrimonial.
  - Teoria menor: em relações de consumo, ambientais e trabalhistas, basta insolvência ou obstáculo ao ressarcimento.
- **Aplicação prática:** Implementa-se via Incidente de Desconsideração, com contraditório específico do sócio antes de

constrições. Admite-se desconsideração inversa para alcançar patrimônio da empresa usado para blindar bens pessoais do sócio.

- **Observações críticas ou controvérsias:** A Lei da Liberdade Econômica reforçou a excepcionalidade da medida no âmbito civil, afastando a desconsideração por simples inadimplemento ou existência de grupo econômico sem prova de abuso.
- **Remissões internas:** Ver também: *Autonomia Patrimonial, Confusão Patrimonial, Grupo Econômico, IDPJ.*

DENUNCIAÇÃO DA LIDE

Conceito técnico-jurídico: Modalidade de intervenção de terceiros pela qual a parte chama a juízo aquele que tem obrigação de indenizá-la em regresso se ela vier a ser vencida.

- **Base legal:** Arts. 125 a 129 do CPC/15.
- **Enquadramento doutrinário:** Instrumento de economia processual que permite julgamento conjunto da lide principal e da relação de regresso. É obrigatória na evicção, facultativa em outras hipóteses de garantia legal ou contratual.
- **Aplicação prática:** Comum em contratos de seguro (réu denuncia seguradora) e em ações envolvendo evicção. O denunciado pode aderir à defesa do denunciante ou contestar também o pedido do autor.

- **Observações críticas ou controvérsias:** O CPC/15 limita denunciações sucessivas para evitar encadeamento infinito, admitindo exceções em cadeias de evicção.
- **Remissões internas:** Ver também: *Chamamento ao Processo, Evicção, Ação de Regresso, Intervenção de Terceiros.*

DISPONIBILIDADE (DIREITOS DISPONÍVEIS x INDISPONÍVEIS)

Conceito técnico-jurídico: Qualidade que permite ao titular do direito dele dispor (alienar, renunciar, transigir) livremente; a ausência dessa qualidade caracteriza direitos indisponíveis.

- **Base legal:** Art. 1º da Lei nº 9.307/96; art. 841 do Código Civil.
- **Enquadramento doutrinário:**
  - Direitos disponíveis: em regra, patrimoniais.
  - Direitos indisponíveis: ligados à personalidade, estado da pessoa, vida, saúde, guarda de menores, entre outros.
- **Aplicação prática:** A disponibilidade é requisito para arbitragem e para transação válida sem homologação judicial. Em direitos indisponíveis, acordos exigem controle judicial e intervenção do MP.
- **Observações críticas ou controvérsias:** Fala-se em direitos "indisponíveis, porém transigíveis em seus efeitos patrimoniais",

como créditos alimentares pretéritos que podem ser reduzidos ou parcelados em acordo.
- **Remissões internas:** Ver também: *Arbitrabilidade, Transação, Ordem Pública, Direitos da Personalidade.*

DISSOLUÇÃO PARCIAL DE SOCIEDADE

Conceito técnico-jurídico: Procedimento judicial ou extrajudicial para retirada, exclusão ou falecimento de sócio, com preservação da empresa e apuração de haveres devidos ao sócio que se afasta ou a seus sucessores.

- **Base legal:** Arts. 1.028 a 1.031 do Código Civil; arts. 599 a 609 do CPC/15.
- **Enquadramento doutrinário:** Concretiza o princípio da preservação da empresa: a sociedade subsiste, resolvendo-se apenas em relação ao sócio. Aplica-se a sociedades limitadas e, por construção, a S.A. fechadas de cunho personalista.
- **Aplicação prática:** Divide-se em fase de reconhecimento da dissolução (fixação da data de saída) e fase de apuração de haveres, geralmente com perícia contábil baseada em balanço de determinação.
- **Observações críticas ou controvérsias:** O ponto mais sensível é a valoração dos intangíveis (fundo de comércio, marcas, carteira de clientes), que pode elevar

significativamente o montante devido e tensionar a saúde financeira da sociedade remanescente.

- **Remissões internas:** Ver também: *Apuração de Haveres, Exclusão de Sócio, Retirada de Sócio, Preservação da Empresa.*

LETRA E

EFEITO SUSPENSIVO (RECURSOS)

- **Conceito técnico-jurídico:** Propriedade atribuída a determinados recursos que impede a imediata eficácia da decisão recorrida até o julgamento pelo tribunal.
- **Base legal:** Artigos 995, parágrafo único, e 1.012 do CPC/15.
- **Enquadramento doutrinário:** A apelação, em regra, tem efeito suspensivo automático; outros recursos podem recebê-lo por decisão do relator, quando presentes probabilidade de provimento e risco de dano grave ou de difícil reparação.

- **Aplicação prática:** Muito utilizado para evitar cumprimento imediato de sentença condenatória em dinheiro ou em fazer/não fazer, enquanto se discute sua reforma em segundo grau.
- **Observações críticas ou controvérsias:** Em matérias específicas (alimentos, decisões em tutela provisória, sentenças em falência), a lei afasta o efeito suspensivo automático, privilegiando a efetividade.
- **Remissões internas:** Ver também: *Efeito Devolutivo, Tutela de Urgência, Apelação, Agravo de Instrumento.*

EFEITO DEVOLUTIVO (RECURSOS)

- **Conceito técnico-jurídico:** Característica dos recursos que transfere ao tribunal o conhecimento da matéria impugnada, para reexame da decisão recorrida.
- **Base legal:** Artigos 1.008 e 1.013 do CPC/15.
- **Enquadramento doutrinário:** O efeito devolutivo delimita o "tamanho" da cognição do tribunal, de acordo com o que foi objeto de impugnação e com as matérias de ordem pública cognoscíveis de ofício.
- **Aplicação prática:** A apelação devolve ao tribunal o conhecimento das questões suscitadas e discutidas, ainda que não

decididas, além das matérias de ordem pública.

- **Observações críticas ou controvérsias:** Discute-se a extensão da devolução em hipóteses de julgamento parcial do mérito e em sentenças citra, ultra ou extra petita, exigindo técnica recursal cuidadosa.
- **Remissões internas:** Ver também: *Efeito Suspensivo, Apelação, Matéria de Ordem Pública, Princípio da Congruência.*

EMBARGOS À EXECUÇÃO

- **Conceito técnico-jurídico:** Meio de defesa do executado contra a execução fundada em título extrajudicial, por meio de ação autônoma de conhecimento, com rito próprio.
- **Base legal:** Artigos 914 a 920 do CPC/15.
- **Enquadramento doutrinário:** Têm natureza de ação de conhecimento incidental à execução, podendo discutir nulidades, inexequibilidade do título, inexigibilidade da obrigação, pagamento, compensação, novação and others.
- **Aplicação prática:** O executado, garantida a execução (penhora, depósito, fiança bancária), pode opor embargos no prazo legal, buscando a extinção ou redução da execução.
- **Observações críticas ou controvérsias:** Em certas hipóteses, especialmente fiscais, o

oferecimento de embargos não suspende automaticamente a execução, exigindo concessão de efeito suspensivo pelo juiz.

- **Remissões internas:** Ver também: *Execução de Título Extrajudicial, Impugnação ao Cumprimento de Sentença, Penhora, Exceção de Pré-executividade.*

EMBARGOS DE DECLARAÇÃO

- **Conceito técnico-jurídico:** Recurso destinado a esclarecer obscuridade, eliminar contradição, suprir omissão ou corrigir erro material em decisão judicial.
- **Base legal:** Artigos 1.022 a 1.026 do CPC/15.
- **Enquadramento doutrinário:** Não visam, em tese, à reforma do julgado, mas à sua integração ou esclarecimento. Podem, contudo, modificar o resultado ("efeito infringente") quando o saneamento do vício implicar alteração do dispositivo.
- **Aplicação prática:** Essenciais para prequestionar matéria constitucional ou infraconstitucional para recursos especial e extraordinário, e para evitar nulidade por ausência de enfrentamento de tese relevante.
- **Observações críticas ou controvérsias:** O uso abusivo de embargos como instrumento protelatório pode ensejar aplicação de multa; ainda assim, o STJ e o STF exigem, em regra,

a interposição para caracterizar o prequestionamento formal.

- **Remissões internas:** Ver também: *Prequestionamento, Coisa Julgada, Omissão, Contradição, Recurso Especial, Recurso Extraordinário.*

EMBARGOS DE TERCEIRO

- **Conceito técnico-jurídico:** Ação de conhecimento manejada por quem, não sendo parte no processo, sofre constrição (penhora, arresto, sequestro) sobre bens que afirma serem seus.
- **Base legal:** Artigos 674 a 681 do CPC/15.
- **Enquadramento doutrinário:** Destinam-se a proteger a posse ou a propriedade de terceiro alheio à relação processual originária, evitando que seus bens sejam utilizados para satisfação de dívida de outrem.
- **Aplicação prática:** Utilizados, por exemplo, por cônjuge não executado que tem bem próprio penhorado, ou por adquirente de boa-fé que comprova ter adquirido o bem antes da constrição.
- **Observações críticas ou controvérsias:** A discussão mais frequente envolve a boa-fé na aquisição e a anterioridade do direito do terceiro frente ao crédito exequendo,

especialmente em alienações sucessivas e fraudes contra credores.

- **Remissões internas:** Ver também: *Execução, Penhora, Fraude à Execução, Terceiro de Boa-fé.*

EMBARGOS INFRINGENTES (SUCEDÂNEOS ATUAIS)

- **Conceito técnico-jurídico:** Recurso interno que, no CPC/73, cabia contra acórdão não unânime que reformasse sentença de mérito; foi formalmente extinto no CPC/15, mas suas funções foram parcialmente absorvidas por técnicas de ampliação do colegiado.
- **Base legal:** Artigo 942 do CPC/15.
- **Enquadramento doutrinário:** O antigo modelo recursal foi substituído pelo julgamento ampliado, que convoca novos julgadores quando o resultado não for unânime em determinadas hipóteses.
- **Aplicação prática:** Na prática forense, ainda se usa a expressão "embargos infringentes" em sentido informal para designar movimentos internos de reapreciação em órgãos colegiados, mas tecnicamente aplica-se o rito do art. 942.
- **Observações críticas ou controvérsias:** Houve forte debate doutrinário sobre eventual ofensa ao princípio do juiz natural e sobre a

extensão das hipóteses de aplicação do julgamento ampliado.

- **Remissões internas:** Ver também: *Julgamento Ampliado, Colegialidade, Agravo Interno, Apelação.*

EMBARGOS MONITÓRIOS

- **Conceito técnico-jurídico:** Meio de defesa do réu na ação monitória, por meio do qual se instaura o contraditório pleno e se transforma a relação em processo de conhecimento comum.
- **Base legal:** Artigos 700 a 702 do CPC/15.
- **Enquadramento doutrinário:** A ação monitória busca título executivo judicial com base em prova escrita sem eficácia executiva; a oposição de embargos converte o procedimento em rito comum, afastando os efeitos imediatos da injunção.
- **Aplicação prática:** O réu intimado para pagar em 15 dias pode optar por pagar (gerando título executivo) ou apresentar embargos com todas as defesas cabíveis em ação de conhecimento.
- **Observações críticas ou controvérsias:** A ausência de embargos faz com que o mandado monitório se converta em título executivo judicial, o que exige atenção redobrada ao prazo.

- **Remissões internas:** Ver também: *Ação Monitória, Título Executivo Judicial, Defesa do Réu, Revelia.*

ENCAMPACÃO (CONCESSÕES)

- **Conceito técnico-jurídico:** Extinção unilateral do contrato de concessão de serviço público por iniciativa do poder concedente, fundada em razões de interesse público, com indenização prévia e integral ao concessionário.
- **Base legal:** Artigo 37 da Lei nº 8.987/95.
- **Enquadramento doutrinário:** Diferencia-se da caducidade, pois na encampação não há falta contratual do concessionário; o fundamento é de conveniência e oportunidade administrativa.
- **Aplicação prática:** Utilizada quando o Estado decide retomar diretamente a prestação do serviço ou reestruturar o modelo, desde que assegure a indenização pelos investimentos ainda não amortizados.
- **Observações críticas ou controvérsias:** A linha entre encampação legítima e uso disfarçado para punir o concessionário é objeto de discussão, especialmente em grandes contratos de infraestrutura.

- **Remissões internas:** Ver também: *Caducidade, Concessão de Serviço Público, Reversão de Bens, Indenização.*

ENCARGOS SUCUMBENCIAIS (HONORÁRIOS E CUSTAS)

- **Conceito técnico-jurídico:** Conjunto de despesas e verbas que recaem sobre a parte vencida no processo, compreendendo honorários de sucumbência e custas remanescentes.
- **Base legal:** Artigos 82, 84, 85 e 86 do CPC/15.
- **Enquadramento doutrinário:** Concretizam o princípio da sucumbência: quem perde paga os custos da atuação jurisdicional e remunera o advogado da parte vencedora.
- **Aplicação prática:** Honorários de sucumbência variam, em regra, entre 10% e 20% sobre o valor da condenação, do proveito econômico ou da causa, cabendo inclusive em ações contra a Fazenda Pública.
- **Observações críticas ou controvérsias:** A cumulação de honorários recursais e a fixação de honorários em ações de pequeno valor ou sem condenação pecuniária geram debates constantes.

- **Remissões internas:** Ver também: *Honorários Advocatícios, Custas Judiciais, Justiça Gratuita, Sucumbência Recíproca.*

ENRIQUECIMENTO SEM CAUSA

- **Conceito técnico-jurídico:** Situação em que alguém obtém vantagem patrimonial à custa de outrem, sem fundamento jurídico que a legitime, gerando dever de restituir.
- **Base legal:** Artigo 884 do Código Civil.
- **Enquadramento doutrinário:** É fonte autônoma de obrigação, subsidiária em relação a outras ações típicas. Exige: enriquecimento de uma parte, empobrecimento correlato da outra, nexo entre ambos e ausência de causa jurídica.
- **Aplicação prática:** Ação de repetição de indébito sem relação contratual clara, devolução de valores pagos indevidamente, ou retorno de prestações quando contrato é declarado nulo.
- **Observações críticas ou controvérsias:** Em responsabilidade civil e execução, o instituto serve de limite para multas, astreintes e penalidades desproporcionais.
- **Remissões internas:** Ver também: *Repetição de Indébito, Responsabilidade Civil, Cláusula Penal, Astreintes.*

ERRO (VÍCIO DO CONSENTIMENTO)

- **Conceito técnico-jurídico:** Falsa percepção da realidade que leva a parte a manifestar vontade que não teria emitido se conhecesse corretamente os fatos ou o direito.
- **Base legal:** Artigos 138 a 144 do Código Civil.
- **Enquadramento doutrinário:** É vício do consentimento que pode tornar o negócio anulável quando for substancial, escusável e determinante para a celebração. Divide-se em erro essencial, acidental, de direito e de fato.
- **Aplicação prática:** Frequentemente invocado para anular contratos em que uma parte foi levada a erro sobre a natureza do negócio, a pessoa, o objeto ou suas qualidades principais.
- **Observações críticas ou controvérsias:** A linha entre erro escusável (que autoriza anulação) e erro inescusável (mero descuido) é objeto de intensa casuística.
- **Remissões internas:** Ver também: *Dolo, Coação, Vícios de Consentimento, Nulidade e Anulabilidade.*

EVICÇÃO

- **Conceito técnico-jurídico:** Perda da propriedade ou posse de bem adquirido, por força de decisão judicial que reconheça direito anterior de terceiro, em razão de vício jurídico preexistente à aquisição.
- **Base legal:** Artigos 447 a 457 do Código Civil.
- **Enquadramento doutrinário:** Gera responsabilidade do alienante perante o adquirente, independentemente de culpa, obrigando-o a restituir o preço, indenizar perdas e danos e reembolsar despesas, conforme o grau de evicção.
- **Aplicação prática:** Típica em compra e venda de imóveis com problemas registrais ou em aquisições de bens penhorados ou gravados por direitos reais não revelados.
- **Observações críticas ou controvérsias:** As cláusulas de exoneração ou limitação de responsabilidade por evicção só produzem efeitos em certas condições e não afastam proteção quando o adquirente age de boa-fé e desconhece o risco.
- **Remissões internas:** Ver também: *Compra e Venda, Denunciação da Lide, Garantias Contratuais, Boa-fé Objetiva.*

EXCEÇÃO DE PRÉ-EXECUTIVIDADE

- **Conceito técnico-jurídico:** Meio de defesa incidental do executado que permite alegar, sem garantia do juízo e por simples petição, matérias de ordem pública ou cognoscíveis de ofício que possam extinguir ou paralisar a execução.
- **Base legal:** Construção jurisprudencial, acolhida pelo STJ; diálogo com artigos 803 e 917 do CPC/15.
- **Enquadramento doutrinário:** Permite discussão de nulidades evidentes, ausência de pressupostos processuais, condições da ação executiva ou inexigibilidade manifesta do título, com base apenas em prova pré-constituída.
- **Aplicação prática:** Usada para alegar prescrição, nulidade de citação, ilegitimidade, inexigibilidade aparente do título, entre outras questões que independem de dilação probatória.
- **Observações críticas ou controvérsias:** Há discussão sobre os limites da exceção e o risco de banalização que transforme a execução em novo processo de conhecimento disfarçado.
- **Remissões internas:** Ver também: *Execução, Embargos à Execução, Prescrição, Nulidades Processuais.*

EXECUÇÃO (TÍTULO JUDICIAL E EXTRAJUDICIAL)

- **Conceito técnico-jurídico:** Procedimento destinado a realizar, de forma coercitiva, a satisfação de obrigação certa, líquida e exigível reconhecida em título executivo judicial ou extrajudicial.
- **Base legal:** Artigos 513 a 538 (cumprimento de sentença) e 771 a 925 (execução de título extrajudicial) do CPC/15.
- **Enquadramento doutrinário:** O CPC/15 adotou modelo sincrético para títulos judiciais (fase de cumprimento no mesmo processo) e manteve processo autônomo para títulos extrajudiciais, com atos de constrição e expropriação.
- **Aplicação prática:** Abrange penhora, avaliação e expropriação de bens (adjudicação, alienação, usufruto), bem como medidas atípicas de coerção, quando justificadas.
- **Observações críticas ou controvérsias:** Ganha relevância o uso de meios executivos atípicos (suspensão de CNH, bloqueio de cartões) e o equilíbrio entre efetividade e dignidade do devedor.
- **Remissões internas:** Ver também: *Cumprimento de Sentença, Penhora, Meios Executivos Atípicos, Título Executivo.*

EXCLUSÃO DE SÓCIO

- **Conceito técnico-jurídico:** Mecanismo pelo qual a sociedade afasta compulsoriamente o sócio por justa causa (falta grave, inescusável) ou por deliberação de maioria nos casos previstos em lei ou contrato.
- **Base legal:** Artigos 1.030 a 1.085 do Código Civil.
- **Enquadramento doutrinário:** Visa proteger a continuidade e integridade da empresa frente a condutas que a prejudiquem ou inviabilizem sua gestão.
- **Aplicação prática:** Pode ocorrer judicialmente (ação de exclusão) ou extrajudicialmente (deliberação em assembleia ou reunião, com previsão contratual), sempre com direito do sócio excluído à apuração de haveres.
- **Observações críticas ou controvérsias:** A configuração de justa causa e o critério de cálculo dos haveres são os pontos mais sensíveis, frequentemente discutidos em perícias e recursos.
- **Remissões internas:** Ver também: *Dissolução Parcial de Sociedade, Apuração de Haveres, Retirada de Sócio, Preservação da Empresa.*

EXERCÍCIO ARBITRAL (JURISDIÇÃO ARBITRAL)

- **Conceito técnico-jurídico:** Atividade de solução de conflitos por árbitro ou tribunal arbitral, com poderes jurisdicionais conferidos por convenção das partes, resultando em sentença arbitral com eficácia de título judicial.
- **Base legal:** Lei nº 9.307/96, especialmente artigos 18, 31 e 33.
- **Enquadramento doutrinário:** A jurisdição arbitral é equivalente à estatal em direitos patrimoniais disponíveis; a sentença arbitral tem a mesma eficácia da sentença judicial e é, em regra, irrecorrível internamente.
- **Aplicação prática:** Muito utilizada em contratos empresariais e internacionais, com regras próprias de procedimento pactuadas pelas partes ou pela instituição arbitral escolhida.
- **Observações críticas ou controvérsias:** A discussão centra-se na extensão do controle judicial sobre a sentença arbitral (ação anulatória), limitado a vícios formais e ofensa à ordem pública.
- **Remissões internas:** Ver também: *Arbitragem, Cláusula Compromissória, Sentença Arbitral, Carta Arbitral.*

LETRA F

FALÊNCIA

- **Conceito técnico-jurídico:** Procedimento coletivo de execução forçada do patrimônio do empresário ou sociedade empresária insolvente, destinado a realizar o ativo e pagar credores segundo ordem legal de preferência, com extinção ou profunda reorganização da atividade.
- **Base legal:** Lei nº 11.101/2005 (Lei de Recuperação e Falência).
- **Enquadramento doutrinário:** Concretiza o princípio da par conditio creditorum, temperado por privilégios legais (trabalhistas, garantias reais, tributários). Distingue-se da recuperação judicial, cujo foco é preservar a empresa viável.
- **Aplicação prática:** É decretada quando o devedor demonstra incapacidade de pagar obrigações, nas hipóteses legais (impontualidade injustificada, execução frustrada, atos falenciais). Segue-se arrecadação, verificação e classificação de créditos, realização do ativo e rateio.

- **Observações críticas ou controvérsias:** A lei prioriza a preservação da empresa, mas ainda há debate sobre a efetividade real para pequenos credores e sobre o tempo de tramitação dos processos falimentares.
- **Remissões internas:** Ver também: *Recuperação Judicial, Recuperação Extrajudicial, Concurso de Credores, Crédito Quirografário, Preferências e Privilégios.*

FALSO TESTEMUNHO

- **Conceito técnico-jurídico:** Crime consistente em fazer afirmação falsa, negar ou calar a verdade como testemunha, perito, tradutor ou intérprete em processo judicial, administrativo, inquérito policial ou juízo arbitral.
- **Base legal:** Artigo 342 do Código Penal.
- **Enquadramento doutrinário:** Protege a administração da justiça e a busca da verdade processual. Configura-se com dolo de falsear ou ocultar a verdade, sendo irrelevante o resultado concreto do depoimento.
- **Aplicação prática:** Pode levar à responsabilização criminal da testemunha, inclusive com retratação em certas hipóteses, e influenciar a valoração da prova pelo juiz.
- **Observações críticas ou controvérsias:** A linha entre erro de memória e falsidade dolosa

é delicada, exigindo cautela na instauração de procedimentos criminais por depoimentos contraditórios.

- **Remissões internas:** Ver também: *Prova Testemunhal, Depoimento Pessoal, Crime de Desobediência, Provas Ilícitas.*

FATO GERADOR (TRIBUTÁRIO)

- **Conceito técnico-jurídico:** Situação definida em lei cuja ocorrência faz nascer a obrigação tributária principal, vinculando o contribuinte ao pagamento do tributo.
- **Base legal:** Artigos 114 a 118 do Código Tributário Nacional (CTN).
- **Enquadramento doutrinário:** É elemento central da regra-matriz de incidência tributária; sua tipificação deve ser estrita, obedecendo à legalidade e à anterioridade.
- **Aplicação prática:** Exemplos: propriedade de imóvel urbano (IPTU), circulação de mercadorias (ICMS), obtenção de renda (IR). A correta identificação do momento e da natureza do fato gerador influencia prescrição, decadência e responsabilidade.
- **Observações críticas ou controvérsias:** Disputas frequentes surgem em operações complexas (planejamento tributário, contratos atípicos, economia digital), quanto à

ocorrência ou não do fato gerador e à requalificação de negócios pela Receita.

- **Remissões internas:** Ver também: *Obrigação Tributária, Sujeito Passivo, Lançamento Tributário, Decadência Tributária.*

FATO JURÍDICO

- **Conceito técnico-jurídico:** Acontecimento natural ou humano ao qual o ordenamento jurídico atribui efeitos, criando, modificando, transferindo ou extinguindo relações jurídicas.
- **Base legal:** Parte Geral do Código Civil (arts. 104 e seguintes, em diálogo com toda a teoria geral).
- **Enquadramento doutrinário:** Divide-se em fatos humanos (atos lícitos e ilícitos, negócios jurídicos) e fatos naturais (nascimento, morte, decurso do tempo, eventos naturais). É a categoria básica da teoria geral do direito privado.
- **Aplicação prática:** Serve de fundamento para prescrição, decadência, responsabilidade civil, constituição de família, aquisição e perda de direitos reais, entre outros.
- **Observações críticas ou controvérsias:** A classificação dos fatos complexos (como operações financeiras estruturadas) desafia a

dogmática clássica, exigindo releituras em chave econômica e funcional.

- **Remissões internas:** Ver também: *Negócio Jurídico, Ato Ilícito, Ato- fato Jurídico, Responsabilidade Civil.*

FATO SUPERVENIENTE (PROCESSO CIVIL)

- **Conceito técnico-jurídico:** Acontecimento relevante para o julgamento da causa, ocorrido após a propositura da ação, que pode influenciar a procedência ou improcedência do pedido.
- **Base legal:** Artigo 493 do CPC/15.
- **Enquadramento doutrinário:** O juiz deve levar em conta fato constitutivo, modificativo ou extintivo superveniente ao ajuizamento, desde que seja trazido aos autos pelas partes e observado o contraditório.
- **Aplicação prática:** Exemplo: pagamento parcial da dívida durante o processo, alteração legislativa relevante, cessação de condição que motivou a ação.
- **Observações críticas ou controvérsias:** O debate central é até que momento o fato superveniente pode ser considerado (inclusive em grau recursal) e como compatibilizar isso com a estabilização da demanda.
- **Remissões internas:** Ver também: *Mutatio Libelli Civil, Coisa Julgada, Princípio da*

Congruência, Prova Documental Superveniente.

FÉ PÚBLICA

- **Conceito técnico-jurídico:** Presunção de veracidade e autenticidade atribuída pela lei a determinados atos e documentos, praticados por autoridades ou agentes investidos em função específica.
- **Base legal:** Leis de organização judiciária, Lei nº 8.935/94 (notários e registradores), disposições esparsas do Código Civil e do CPC.
- **Enquadramento doutrinário:** Funda-se na confiança institucional: atos praticados por tabeliães, registradores, escrivães, oficiais de justiça e outros agentes dotados de fé pública gozam de presunção relativa de veracidade.
- **Aplicação prática:** Atas notariais, registros públicos, certidões e mandados cumpridos por oficial de justiça dispensam, em regra, comprovação adicional, salvo prova robusta em contrário.
- **Observações críticas ou controvérsias:** O abuso da fé pública ou sua quebra gera responsabilidade civil e disciplinar do agente, além de possível responsabilização do Estado.

- **Remissões internas:** Ver também: Ata Notarial, Prova Documental, Responsabilidade Civil do Estado, Cartórios.

FIANÇA

- **Conceito técnico-jurídico:** Contrato pelo qual uma pessoa (fiador) se obriga perante o credor a garantir obrigação assumida por terceiro (devedor principal), responsabilizando-se em caso de inadimplemento deste.
- **Base legal:** Artigos 818 a 839 do Código Civil.
- **Enquadramento doutrinário:** É garantia pessoal, acessória e, em regra, gratuita, exigindo forma escrita. Não se presume; deve ser expressa e interpretada restritivamente.
- **Aplicação prática:** Muito comum em locações, contratos bancários e operações de crédito. O fiador pode invocar benefício de ordem, exigindo que o credor primeiro execute o devedor, salvo renúncia contratual.
- **Observações críticas ou controvérsias:** A ampliação abusiva da responsabilidade do fiador em contratos de adesão e a dificuldade de exoneração em locações são temas recorrentes na jurisprudência.

- **Remissões internas:** Ver também: *Garantia Real, Garantia Fidejussória, Benefício de Ordem, Seguro-Fiança.*

FIANÇA BANCÁRIA

- **Conceito técnico-jurídico:** Modalidade de garantia fidejussória em que instituição financeira assume, perante o credor, obrigação de pagar dívida de terceiro em caso de inadimplemento, mediante remuneração.
- **Base legal:** Regulamentação bancária e normas do Banco Central; aplicação subsidiária do Código Civil.
- **Enquadramento doutrinário:** Aproxima-se da fiança comum, mas com regime especial por envolver instituição financeira supervisionada e contrato remunerado, frequentemente utilizado em licitações, execuções e grandes contratos.
- **Aplicação prática:** Usada como garantia em execuções (substituindo penhora em dinheiro), contratos de obras, concessões e operações de comércio internacional.
- **Observações críticas ou controvérsias:** Debate-se sua equiparação ou não a dinheiro para fins de substituição de penhora e a extensão das cláusulas de solidariedade com o devedor principal.

- **Remissões internas:** Ver também: *Caução, Seguro-Garantia, Execução, Penhora.*

FIDEICOMISSO

- **Conceito técnico-jurídico:** Disposição testamentária pela qual o testador institui herdeiro ou legatário (fiduciário), impondo-lhe o encargo de, em momento futuro, transmitir a herança ou legado a terceiro (fideicomissário).
- **Base legal:** Artigos 1.951 a 1.960 do Código Civil.
- **Enquadramento doutrinário:** Visa proteger patrimônio ou direcionar sua destinação ao longo do tempo, com limites quanto ao número de substituições sucessivas.
- **Aplicação prática:** Comum em planejamentos sucessórios complexos, para assegurar que bens permaneçam em determinada linha familiar ou cumpram destinação específica após a morte de sucessores imediatos.
- **Observações críticas ou controvérsias:** As restrições legais ao fideicomisso buscam evitar perpetuação excessiva de vinculações patrimoniais incompatíveis com a circulação de riquezas.

- **Remissões internas:** Ver também: *Testamento, Herdeiro, Legado, Substituição Vulgar.*

FIDÚCIA (PROPRIEDADE FIDUCIÁRIA)

- **Conceito técnico-jurídico:** Desdobramento da propriedade em que o devedor (fiduciante) transfere ao credor (fiduciário) a propriedade resolúvel de bem, em garantia do cumprimento de obrigação, permanecendo com a posse direta.
- **Base legal:** Lei nº 9.514/97 (alienação fiduciária de imóveis); artigos 1.361 a 1.368-B do Código Civil (bens móveis).
- **Enquadramento doutrinário:** Garante maior segurança ao credor, permitindo consolidação da propriedade em caso de inadimplemento, com procedimentos extrajudiciais céleres.
- **Aplicação prática:** Muito utilizada em financiamentos de veículos e imóveis; o não pagamento pode levar à consolidação da propriedade em nome do credor e subsequente leilão do bem.
- **Observações críticas ou controvérsias:** Questiona-se a compatibilidade de certos ritos extrajudiciais céleres com o devido processo legal e a proteção do consumidor, especialmente quanto à intimação e à avaliação de bens.

- **Remissões internas:** Ver também: *Alienação Fiduciária, Garantia Real, Busca e Apreensão, Contratos Bancários.*

FILIAÇÃO (PRESUNÇÃO, RECONHECIMENTO E INVESTIGAÇÃO)

- **Conceito técnico-jurídico:** Relação jurídica de parentesco em linha reta de primeiro grau entre pais e filhos, com repercussões pessoais, sucessórias e alimentares.
- **Base legal:** Artigos 1.593 a 1.609 do Código Civil; artigos 226 e 227 da CF/88; Estatuto da Criança e do Adolescente.
- **Enquadramento doutrinário:** A Constituição vedou qualquer discriminação entre filhos; filiação pode decorrer de presunção matrimonial, reconhecimento voluntário ou decisão em ação de investigação.
- **Aplicação prática:** Envolve registro civil, ações de investigação de paternidade/maternidade, anulação ou retificação de registro e efeitos em pensão alimentícia e herança.
- **Observações críticas ou controvérsias:** O uso de exames genéticos (DNA) revolucionou a prova em ações de filiação, levando à revisão de antigas decisões e à relativização de coisas julgadas em casos excepcionais.

- **Remissões internas:** Ver também: *Alimentos, Sucessão Legítima, Paternidade Socioafetiva, Registro Civil.*

FÔRO (COMPETÊNCIA TERRITORIAL)

- **Conceito técnico-jurídico:** Circunscrição territorial em que determinado órgão jurisdicional exerce sua competência; também usado, em linguagem corrente, como sinônimo de juízo competente.
- **Base legal:** Artigos 42 a 53 do CPC/15.
- **Enquadramento doutrinário:** O foro geral é o do domicílio do réu, salvo regras especiais (consumo, família, contratos, sucessões). A competência territorial é, em regra, relativa, podendo ser modificada por eleição de foro ou pela ausência de impugnação do réu.
- **Aplicação prática:** A escolha correta do foro é estratégica em ações cíveis, trabalhistas e consumeristas, influenciando acesso à prova, custo processual e orientação jurisprudencial.
- **Observações críticas ou controvérsias:** Cláusulas de eleição de foro em contratos de adesão, especialmente contra consumidores, podem ser consideradas abusivas e afastadas pelos tribunais.
- **Remissões internas:** Ver também: *Competência Relativa, Eleição de Foro, Juiz Natural, Ação de Consumo.*

FORÇA MAIOR (ver CASO FORTUITO E FORÇA MAIOR)

- **Conceito técnico-jurídico:** Evento inevitável, geralmente ligado a fatos da natureza ou acontecimentos extraordinários, que impede o cumprimento da obrigação sem culpa do devedor.
- **Base legal:** Artigo 393 do Código Civil.
- **Enquadramento doutrinário:** Em conjunto com o caso fortuito, constitui causa de exclusão de responsabilidade, desde que o evento seja externo à atividade e diretamente ligado à impossibilidade de cumprimento.
- **Aplicação prática:** Típica em contratos de transporte, construção e logística, para afastar responsabilidade por eventos catastróficos ou imprevisíveis.
- **Observações críticas ou controvérsias:** Debates recentes envolveram a caracterização de pandemias, greves gerais e atos estatais restritivos como força maior para fins contratuais.
- **Remissões internas:** Ver também: *Caso Fortuito, Inadimplemento, Cláusula de Força Maior, Responsabilidade Civil.*

FUNÇÃO SOCIAL DA PROPRIEDADE

- **Conceito técnico-jurídico:** Princípio segundo o qual o exercício do direito de propriedade deve atender simultaneamente ao interesse do titular e ao interesse coletivo, cumprindo destinação econômica e socialmente adequada.
- **Base legal:** Artigos 5º, XXIII, e 170, III, da CF/88; artigos 1.228, §1º, e seguintes do Código Civil.
- **Enquadramento doutrinário:** Rompe com a visão absoluta da propriedade, introduzindo limites de ordem urbanística, ambiental, trabalhista e comunitária.
- **Aplicação prática:** Serve de fundamento para políticas de reforma agrária, desapropriação por interesse social, limitações administrativas, usucapião especial urbano e rural.
- **Observações críticas ou controvérsias:** A concretização da função social enfrenta desafios práticos, especialmente na efetivação de políticas públicas em áreas urbanas e rurais marcadas por concentração fundiária.
- **Remissões internas:** Ver também: *Propriedade, Desapropriação, Usucapião Especial, Estatuto da Cidade.*

LETRA G

GARANTIA (REAL E PESSOAL)

- **Conceito técnico-jurídico:** Instrumento pelo qual se reforça a segurança do cumprimento de uma obrigação, vinculando bens (garantia real) ou o patrimônio de pessoa determinada (garantia pessoal ou fidejussória).
- **Base legal:** Código Civil, especialmente artigos sobre penhor, hipoteca, alienação fiduciária (garantias reais) e fiança, aval (garantias pessoais).
- **Enquadramento doutrinário:** Garantia real confere direito de preferência sobre bem específico (penhor, hipoteca, anticrese, propriedade fiduciária); garantia pessoal depende da solvência do garantidor (fiador, avalista).
- **Aplicação prática:** Fundamentais em contratos bancários, locações, financiamentos e operações empresariais, influenciando taxa de juros, prazos e risco do crédito.
- **Observações críticas ou controvérsias:** Discussões giram em torno da abusividade de cláusulas que ampliam demasiadamente a responsabilidade de garantes e da proteção do bem de família em face de garantias hipotecárias.

- **Remissões internas:** Ver também: *Fiança, Fiança Bancária, Hipoteca, Alienação Fiduciária*.

GARANTIA DE DIREITOS (DIREITOS HUMANOS)

- **Conceito técnico-jurídico:** Conjunto de mecanismos institucionais, normativos e processuais destinados a assegurar o exercício efetivo dos direitos humanos e fundamentais, prevenindo violações e oferecendo respostas a abusos.
- **Base legal:** Constituição Federal de 1988 (artigo 5º e seguintes), tratados internacionais de direitos humanos e legislação infraconstitucional de proteção específica (ECA, Estatuto do Idoso, Lei Maria da Penha etc.).
- **Enquadramento doutrinário:** Distingue-se entre reconhecimento de direitos e garantias de efetividade (remédios constitucionais, ações coletivas, órgãos de controle, defensorias).
- **Aplicação prática:** Materializa-se em instrumentos como habeas corpus, mandado de segurança, ações civis públicas, sistemas de ouvidoria, órgãos de fiscalização e políticas públicas.

- **Observações críticas ou controvérsias:** O desafio central está na distância entre previsão formal e concretização real, especialmente em contextos de desigualdade social e discriminação estrutural.
- **Remissões internas:** Ver também: *Direitos Fundamentais, Remédios Constitucionais, Ação Civil Pública, Controle de Constitucionalidade.*

GUARDA (UNILATERAL E COMPARTILHADA)

- **Conceito técnico-jurídico:** Instituto que define a responsabilidade cotidiana pela proteção, educação e cuidado de crianças e adolescentes, bem como a forma de exercício do poder familiar pelos genitores que não vivem sob o mesmo teto.
- **Base legal:** Artigos 1.583 e 1.584 do Código Civil; Estatuto da Criança e do Adolescente.
- **Enquadramento doutrinário:** A guarda compartilhada é a regra, salvo se um dos genitores não estiver apto ou se houver risco ao melhor interesse da criança; guarda unilateral fica a cargo de apenas um dos pais ou terceiro, com direito de convivência do outro.
- **Aplicação prática:** Define domicílio de referência, regime de convivência,

responsabilidades escolares e de saúde, bem como repercute em pensão alimentícia e decisões do cotidiano.

- **Observações críticas ou controvérsias:** A implantação efetiva da guarda compartilhada exige cooperação mínima entre os genitores; sua imposição em contextos de alta conflituosidade pode ser prejudicial à criança.
- **Remissões internas:** Ver também: *Poder Familiar, Alimentos, Melhor Interesse da Criança, Alienação Parental.*

LETRA H

HABEAS CORPUS

- **Conceito técnico-jurídico:** Remédio constitucional destinado a proteger a liberdade de locomoção contra violência ou coação ilegal ou abusiva, atual ou iminente.
- **Base legal:** Artigo 5º, LXVIII, da Constituição Federal; artigos 647 a 667 do Código de Processo Penal.
- **Enquadramento doutrinário:** Pode ser preventivo (com pedido de salvo-conduto) ou repressivo (para cessar prisão ou constrangimento já existentes). Não se condiciona a custas nem a capacidade

postulatória de advogado em casos excepcionais.

- **Aplicação prática:** Usado para revogar prisões ilegais, garantir direito de recorrer em liberdade, afastar medidas cautelares desproporcionais ou corrigir abusos em execução penal.
- **Observações críticas ou controvérsias:** O uso excessivamente amplo do habeas corpus em substituição a recursos próprios levou STF e STJ a restringir sua admissibilidade, sem comprometer sua função de tutela urgente da liberdade.
- **Remissões internas:** Ver também: *Liberdade de Locomoção, Prisão Preventiva, Mandado de Segurança, Habeas Data.*

HABEAS DATA

- **Conceito técnico-jurídico:** Remédio constitucional que assegura ao indivíduo acesso a informações relativas à sua pessoa, constantes de registros ou bancos de dados de entidades governamentais ou de caráter público, bem como a retificação desses dados.
- **Base legal:** Artigo 5º, LXXII, da Constituição Federal; Lei nº 9.507/97.
- **Enquadramento doutrinário:** Complementa a proteção de dados pessoais e o direito à privacidade, permitindo conhecer, corrigir ou

complementar registros que possam impactar a esfera jurídica do indivíduo.

- **Aplicação prática:** Utilizado quando pedidos administrativos de acesso ou correção de dados são negados ou ignorados por órgãos públicos ou entidades que detêm bancos de dados de caráter público.
- **Observações críticas ou controvérsias:** Ganhou novos contornos com a entrada em vigor da LGPD, havendo debate sobre o diálogo entre o habeas data tradicional e os mecanismos administrativos de proteção de dados.
- **Remissões internas:** Ver também: *Proteção de Dados Pessoais, LGPD, Direito à Privacidade, Acesso à Informação.*

HIPOTECA (GARANTIA REAL)

- **Conceito técnico-jurídico:** Direito real de garantia que recai sobre bens imóveis (e alguns móveis registráveis), sem transferência da posse, assegurando ao credor preferência no recebimento de seu crédito em caso de inadimplemento.
- **Base legal:** Artigos 1.473 a 1.505 do Código Civil; artigo 1.487 do Código Civil (dívida futura ou condicionada).
- **Enquadramento doutrinário:** A hipoteca pode garantir dívida presente, futura ou

condicional, desde que determinado o valor máximo do crédito, devendo ser registrada na matrícula do imóvel para produzir efeitos perante terceiros.

- **Aplicação prática:** Amplamente utilizada em financiamentos imobiliários, operações empresariais e garantias de alto valor, permitindo ao credor excutir o bem em caso de inadimplemento.
- **Observações críticas ou controvérsias:** O excesso de hipotecas sobre o mesmo bem e a falta de clareza sobre o valor máximo garantido podem gerar conflitos entre credores e limitar a eficácia da garantia.
- **Remissões internas:** Ver também: *Garantia Real, Penhor, Alienação Fiduciária, Registro de Imóveis.*

HABEAS CORPUS

- **Conceito técnico-jurídico:** Remédio constitucional destinado a proteger a liberdade de locomoção contra violência ou coação ilegal ou abusiva, atual ou iminente.
- **Base legal:** Artigo 5°, LXVIII, da Constituição Federal; artigos 647 a 667 do Código de Processo Penal.
- **Enquadramento doutrinário:** Pode ser preventivo (com salvo-conduto) ou repressivo

(para cessar prisão ou constrangimento já existentes). Admite impetração em favor próprio ou de terceiro, sem custas e, em situações excepcionais, sem advogado.

- **Aplicação prática:** Utilizado para revogar prisões ilegais, assegurar direito de recorrer em liberdade, afastar medidas cautelares desproporcionais e corrigir abusos em execuções penais.
- **Observações críticas ou controvérsias:** STF e STJ vêm restringindo o habeas corpus substitutivo de recursos ordinários, mas preservam seu uso em hipóteses de flagrante ilegalidade.
- **Remissões internas:** Ver também: *Liberdade de Locomoção, Prisão Preventiva, Remédios Constitucionais, Devido Processo Penal.*

HABEAS DATA

- **Conceito técnico-jurídico:** Remédio constitucional que assegura ao indivíduo acesso a informações relativas à sua pessoa, constantes de registros ou bancos de dados de entidades governamentais ou de caráter público, bem como a retificação desses dados.
- **Base legal:** Artigo 5º, LXXII, da Constituição Federal; Lei nº 9.507/97.
- **Enquadramento doutrinário:** Instrumento ligado ao direito à privacidade, honra e

imagem, hoje em diálogo direto com a proteção de dados pessoais e a Lei Geral de Proteção de Dados (LGPD).

- **Aplicação prática:** Ação proposta quando pedidos administrativos de acesso ou correção de dados forem negados ou ignorados por órgãos públicos ou entidades detentoras de bancos de dados públicos.
- **Observações críticas ou controvérsias:** Há debate sobre a atualidade do habeas data diante dos mecanismos administrativos da LGPD e das Autoridades de Proteção de Dados.
- **Remissões internas:** Ver também: *Proteção de Dados Pessoais, LGPD, Direito à Privacidade, Acesso à Informação.*

HERANÇA (DIREITO DAS SUCESSÕES)

- **Conceito técnico-jurídico**: Conjunto de relações jurídicas transmissíveis do falecido (autor da herança) a seus herdeiros, englobando bens, direitos e certas obrigações.
- **Base legal:** Código Civil, artigos 1.784 a 2.027.
- **Enquadramento doutrinário:** A sucessão abre-se com a morte; a herança transmite-se, desde logo, aos herdeiros legítimos e testamentários, formando o espólio até a partilha.

- **Aplicação prática:** Envolve inventário (judicial ou extrajudicial), pagamento de dívidas do espólio, colação de bens, partilha entre herdeiros e incidência tributária (ITCMD).
- **Observações críticas ou controvérsias:** Cresce a utilização de instrumentos de planejamento sucessório (doações, usufrutos, holdings) para reduzir litigiosidade e custos em inventários.
- **Remissões internas:** Ver também: *Sucessão Legítima, Sucessão Testamentária, Espólio, Inventário, Holding Familiar.*

HOLDING FAMILIAR

- **Conceito técnico-jurídico:** Pessoa jurídica criada para concentrar, administrar e proteger o patrimônio de uma família, usualmente detendo participação em outras sociedades e bens imóveis, como ferramenta de planejamento patrimonial e sucessório.
- **Base legal:** Código Civil (regras gerais de sociedades empresárias); Lei nº 6.404/76, artigo 2º, §3º, que admite companhia com objeto de participação em outras sociedades.
- **Enquadramento doutrinário:** Não é tipo societário específico, mas função exercida por sociedade limitada ou anônima voltada à

administração de bens próprios e controle de participações.

- **Aplicação prática:** Permite concentrar imóveis, quotas e investimentos em uma única empresa, organizar regras de gestão e sucessão, facilitar a transição entre gerações e, em certos cenários, otimizar custos tributários e de inventário.
- **Observações críticas ou controvérsias:** Exige desenho cuidadoso para evitar caracterização de fraude contra credores ou evasão fiscal, sendo indispensável assessoria jurídica e contábil especializada.
- **Remissões internas:** Ver também: Planejamento Sucessório, Herança, Sociedade Limitada, Sociedade Anônima, Proteção Patrimonial.

HONORÁRIOS ADVOCATÍCIOS (CONTRATUAIS E SUCUMBENCIAIS)

- **Conceito técnico-jurídico:** Remuneração devida ao advogado pela prestação de serviços profissionais, podendo ser contratual (pactuada com o cliente) e sucumbencial (fixada judicialmente em favor do patrono da parte vencedora, às expensas da parte vencida).

- **Base legal:** Artigo 85 do CPC/15; Estatuto da Advocacia (Lei nº 8.906/94); provimentos e tabelas da OAB.
- **Enquadramento doutrinário:** Os honorários sucumbenciais são direito do advogado, com natureza alimentar e caráter autônomo em relação ao crédito do cliente; em regra, devem ser fixados entre 10% e 20% sobre o valor da condenação, do proveito econômico ou da causa.
- **Aplicação prática**: Incidem em praticamente toda decisão de mérito, inclusive contra a Fazenda Pública, com possibilidade de majoração em grau recursal (honorários recursais).
- **Observações críticas ou controvérsias:** Há forte debate sobre aviltamento de honorários, aplicação indevida de critérios equitativos fora das hipóteses legais e execução autônoma de honorários pelo advogado.
- **Remissões internas:** Ver também: *Sucumbência, Encargos Sucumbenciais, Justiça Gratuita, Tabela da OAB.*

HIERARQUIA DAS NORMAS

- **Conceito técnico-jurídico:** Estrutura que organiza o ordenamento em níveis, da

Constituição às normas infralegais, definindo quais prevalecem em caso de conflito.

- **Base legal**: Fundada na Constituição Federal, em especial no artigo 59, que elenca espécies normativas, e na teoria geral do direito público.
- **Enquadramento doutrinário:** Coloca a Constituição no topo, seguida de emendas, leis complementares, leis ordinárias, medidas provisórias, decretos e atos regulamentares, além da posição especial dos tratados de direitos humanos aprovados com quórum qualificado.
- **Aplicação prática:** Serve de critério para controle de constitucionalidade e legalidade, permitindo afastar normas inferiores incompatíveis com normas superiores.
- **Observações críticas ou controvérsias:** A posição dos tratados internacionais e dos precedentes vinculantes (súmulas, decisões em controle concentrado) é tema permanente de debate na doutrina.
- **Remissões internas:** Ver também: *Controle de Constitucionalidade, Bloco de Constitucionalidade, Reserva Legal.*

HIPOSSUFICIÊNCIA (PROCESSO E CONSUMIDOR)

- **Conceito técnico-jurídico:** Situação de vulnerabilidade econômica, técnica ou informacional que coloca uma parte em desvantagem relevante em relação à outra, justificando proteção jurídica reforçada.
- **Base legal:** Código de Defesa do Consumidor; normas sobre justiça gratuita e assistência judiciária; princípios constitucionais de acesso à justiça.
- **Enquadramento doutrinário:** No consumo, é pressuposto para inversão do ônus da prova; no processo, fundamenta concessão de gratuidade e tratamento diferenciado para equilibrar a relação processual.
- **Aplicação prática:** Reconhecida em favor de consumidores, trabalhadores, pessoas em situação de pobreza ou vulnerabilidade social, afetando distribuição do ônus da prova e custos do processo.
- **Observações críticas ou controvérsias:** A banalização da hipossuficiência pode distorcer a paridade de armas, enquanto sua exigência excessivamente rígida pode impedir proteção a grupos vulneráveis de fato.
- **Remissões internas:** Ver também: *Inversão do Ônus da Prova, Justiça Gratuita, Vulnerabilidade do Consumidor.*

HOMICÍDIO (CRIME CONTRA A VIDA)

- **Conceito técnico-jurídico**: Crime consistente em matar alguém, suprimindo a vida de outro ser humano de forma dolosa ou culposa.
- **Base legal**: Artigos 121 e seguintes do Código Penal.
- **Enquadramento doutrinário:** Divide-se em simples, privilegiado, qualificado e culposo, com causas especiais de aumento ou diminuição, e pode ser submetido ao Tribunal do Júri quando doloso contra a vida.
- **Aplicação prática:** Envolve investigação policial, denúncia do Ministério Público, pronúncia e julgamento pelo júri em casos de dolo; o regime de pena varia conforme qualificadoras e circunstâncias.
- **Observações críticas ou controvérsias**: Temas recorrentes incluem legítima defesa, feminicídio, homicídio em contexto de trânsito e a discussão sobre legítima defesa da honra (rechaçada pela jurisprudência).
- **Remissões internas:** Ver também: *Tribunal do Júri, Legítima Defesa, Dolo, Culpa.*

HONRA (DIREITOS DA PERSONALIDADE)

- **Conceito técnico-jurídico**: Esfera de dignidade ligada à reputação social e à autoestima da pessoa, abrangendo tanto a consideração que tem de si mesma quanto a avaliação que terceiros fazem de sua imagem.

- **Base legal:** Constituição Federal (artigo 5º, V e X); Código Civil (disposições sobre direitos da personalidade); legislação penal sobre crimes contra a honra.
- **Enquadramento doutrinário:** Atingimentos à honra podem gerar responsabilidade civil (dano moral) e responsabilidade penal em hipóteses de calúnia, difamação e injúria.
- **Aplicação prática:** Frequentemente invocada em ações indenizatórias decorrentes de ofensas em redes sociais, imprensa, ambiente de trabalho ou conflitos familiares.
- **Observações críticas ou controvérsias:** O desafio está em equilibrar proteção à honra e liberdade de expressão, sobretudo em casos de crítica jornalística e manifestações em contexto político.
- **Remissões internas:** Ver também: *Dano Moral, Liberdade de Expressão, Direitos da Personalidade, Crimes contra a Honra.*

HOSPITALIDADE (RESPONSABILIDADE CIVIL EM HOTELARIA)

- **Conceito técnico-jurídico:** Conjunto de deveres de guarda, segurança e cuidado assumidos por hotéis e estabelecimentos similares em relação a hóspedes e seus bens.

- **Base legal:** Código Civil (responsabilidade de hospedeiros); Código de Defesa do Consumidor.
- **Enquadramento doutrinário:** Estabelece responsabilidade objetiva do estabelecimento por danos e furtos de bens sob sua custódia, salvo hipóteses excepcionais previstas em lei.
- **Aplicação prática**: Gera dever de indenizar em casos de extravio de bagagens, furtos em quartos e danos a veículos em estacionamentos vinculados ao hotel.
- **Observações críticas ou controvérsias**: Cláusulas de não indenizar em contratos ou avisos afixados em áreas comuns são, em regra, consideradas inválidas à luz do CDC.
- **Remissões internas**: Ver também: *Responsabilidade Objetiva, Relação de Consumo, Dever de Segurança.*

LETRA I

IMÓVEL (BENS IMÓVEIS)

- **Conceito técnico-jurídico:** Bem que, por sua natureza ou por determinação legal, não pode ser transportado de um lugar para outro sem destruição ou modificação da própria substância, como terrenos e construções.

- **Base legal:** Código Civil, dispositivos sobre bens e direitos reais.
- **Enquadramento doutrinário**: Consideram-se imóveis por natureza (solo e tudo quanto se incorpora de modo permanente), por acessão física (benfeitorias) e, em certos casos, por determinação legal (direitos reais sobre imóveis).
- **Aplicação prática**: A qualificação como imóvel influencia forma de transmissão (escritura pública, registro), regime de garantias reais (hipoteca, alienação fiduciária) e regras de usucapião.
- **Observações críticas ou controvérsias**: A distinção entre acessão e benfeitoria, bem como a natureza de determinados direitos (como quotas de fundo imobiliário), gera debates quanto ao regime jurídico aplicável.
- **Remissões internas**: Ver também: *Propriedade, Hipoteca, Alienação Fiduciária, Usucapião.*

IMPARCIALIDADE DO JUIZ

- **Conceito técnico-jurídico:** Dever de o magistrado atuar sem interesse próprio, sem favorecimento ou prejuízo a qualquer das partes, decidindo com base apenas nos fatos e no direito, dentro das regras de competência.

- **Base legal**: Constituição Federal (princípio do juiz natural, vedação a juízo de exceção); Código de Processo Civil (regras de impedimento e suspeição).
- **Enquadramento doutrinário**: A imparcialidade é condição de legitimidade da jurisdição e se protege com garantias institucionais (vitaliciedade, inamovibilidade, irredutibilidade de subsídios) e com vedações de condutas incompatíveis com a função.
- **Aplicação prática:** Permite afastar o juiz quando houver vínculo pessoal, econômico ou profissional que comprometa sua isenção, por meio de arguição de impedimento ou suspeição.
- **Observações críticas ou controvérsias**: O debate contemporâneo envolve, inclusive, manifestações públicas de juízes, atuação em redes sociais e participação em processos midiáticos, com impacto na confiança social nas decisões.
- **Remissões internas:** Ver também: *Juiz Natural, Impedimento, Suspeição, Devido Processo Legal.*

IMPOSTO

- **Conceito técnico-jurídico**: Tributo cuja obrigação tem por fato gerador situação independente de qualquer atividade estatal específica relativa ao contribuinte, como propriedade, renda ou consumo.
- **Base legal:** Constituição Federal (repartição de competências tributárias); Código Tributário Nacional.
- **Enquadramento doutrinário**: Distingue-se de taxas e contribuições porque não corresponde a serviço público específico nem a benefício diretamente vinculado ao contribuinte; financia atividades gerais do Estado.
- **Aplicação prática:** Exemplos clássicos são imposto de renda, imposto sobre circulação de mercadorias e serviços, impostos sobre propriedade urbana e rural.
- **Observações críticas ou controvérsias:** Discussões recorrentes tratam de justiça fiscal, progressividade, guerra fiscal entre entes federativos e complexidade do sistema tributário brasileiro.
- **Remissões internas:** Ver também: *Tributo, Taxa, Contribuição, Obrigação Tributária.*

IMPOSSIBILIDADE JURÍDICA DO PEDIDO (SUPERAÇÃO)

- **Conceito técnico-jurídico:** Antiga condição da ação que apontava situações em que o ordenamento não admitia a pretensão formulada; no sistema atual, é tratada como questão de mérito ou de carência por falta de interesse.
- **Base legal:** Código de Processo Civil, regras sobre condições da ação e julgamento de improcedência liminar.
- **Enquadramento doutrinário**: Com a evolução da teoria da ação, a impossibilidade jurídica deixou de ser condição autônoma, sendo redimensionada para análise de viabilidade do pedido à luz da ordem jurídica material.
- **Aplicação prática:** Casos antes tidos como juridicamente impossíveis (por exemplo, certos pedidos de danos morais em massa) hoje são analisados quanto à procedência ou improcedência, e não como obstáculo formal ao acesso à jurisdição.
- **Observações críticas ou controvérsias:** A mudança reforça o princípio do acesso à justiça, evitando extinções prematuras por fundamentos excessivamente formais.
- **Remissões internas:** Ver também: Condições da Ação, Interesse de Agir, Acesso à Justiça, Improcedência Liminar.

IMPROBIDADE ADMINISTRATIVA

- **Conceito técnico-jurídico:** Conduta ilícita praticada por agente público, ou por particular em colaboração, que viole deveres de honestidade, lealdade e legalidade, causando enriquecimento ilícito, dano ao erário ou atentando contra princípios da Administração.
- **Base legal:** Constituição Federal (dispositivo que prevê sanções político-administrativas); legislação específica de improbidade administrativa.
- **Enquadramento doutrinário:** Não se confunde com responsabilidade penal ou meramente disciplinar, possuindo regime próprio de sanções, como perda da função pública, suspensão de direitos políticos, multa civil e proibição de contratar com o poder público.
- **Aplicação prática:** Ações de improbidade podem ser propostas pelo Ministério Público e por pessoas jurídicas interessadas, envolvendo gestores, servidores e particulares beneficiados com esquemas ilícitos.
- **Observações críticas ou controvérsias:** Reformas legislativas recentes buscaram diferenciar erro de gestão de conduta dolosa grave, restringindo o alcance do instituto para evitar criminalização do gestor inábil.
- **Remissões internas:** Ver também: Responsabilidade Administrativa, Agente Público, Dano ao Erário, Enriquecimento Ilícito.

INAFASTABILIDADE DA JURISDIÇÃO (ACESSO À JUSTIÇA)

- **Conceito técnico-jurídico:** Princípio segundo o qual a lei não pode excluir da apreciação do Poder Judiciário lesão ou ameaça a direito, garantindo a todos o acesso à tutela jurisdicional.
- **Base legal:** Constituição Federal, artigo 5º, inciso XXXV.
- **Enquadramento doutrinário:** É pedra de toque do Estado de Direito, assegurando que bloqueios legislativos, cláusulas contratuais ou atos administrativos não possam impedir a apreciação judicial de conflitos.
- **Aplicação prática:** Afasta tentativas de afastar o Judiciário por meio de cláusulas de renúncia a ações, limitações desproporcionais de recursos ou exigências processuais que inviabilizem o exercício do direito de ação.
- **Observações críticas ou controvérsias:** A convivência entre inafastabilidade e meios alternativos de resolução de conflitos (como arbitragem e mediação) é objeto de debate, enfatizando-se que tais mecanismos não podem representar supressão de garantias fundamentais.
- **Remissões internas:** Ver também: *Direito de Ação, Acesso à Justiça, Arbitragem, Cláusula de Eleição de Foro.*

INCAPACIDADE CIVIL

- **Conceito técnico-jurídico:** Situação de pessoas que, por idade ou por condições específicas, não podem exercer pessoalmente todos os atos da vida civil, necessitando de representação ou assistência.
- **Base legal:** Código Civil, dispositivos sobre capacidade e incapacidade.
- **Enquadramento doutrinário:** A reforma legislativa recente reduziu significativamente as hipóteses de incapacidade absoluta, privilegiando a autonomia da pessoa com deficiência e a tomada de decisão apoiada.
- **Aplicação prática:** Impacta assinatura de contratos, casamento, realização de negócios patrimoniais e responsabilidade civil; menores de idade e pessoas em certas situações de comprometimento mental podem ter capacidade limitada.
- **Observações críticas ou controvérsias:** O desafio contemporâneo é equilibrar proteção contra abusos com respeito à autonomia e dignidade, especialmente de pessoas com deficiência ou idosos.
- **Remissões internas:** Ver também: *Capacidade Civil, Curatela, Tomada de Decisão Apoiada, Estatuto da Pessoa com Deficiência.*

INCOMPETÊNCIA (ABSOLUTA E RELATIVA)

- **Conceito técnico-jurídico:** Falta de poder jurisdicional do órgão para julgar determinada causa, em razão de critérios de matéria, pessoa ou território.
- **Base legal:** Código de Processo Civil, regras de competência e normas sobre nulidades.
- **Enquadramento doutrinário:** A incompetência absoluta pode ser alegada a qualquer tempo e conhecida de ofício; a relativa, ligada em geral a território ou foro, deve ser arguida em momento oportuno, sob pena de prorrogação da competência.
- **Aplicação prática:** A identificação correta do juízo competente é essencial para validade dos atos processuais, especialmente em causas envolvendo Fazenda Pública, Justiça Federal, Justiça do Trabalho ou Juizados Especiais.
- **Observações críticas ou controvérsias:** O uso estratégico de exceções de incompetência para protelar processos é objeto de críticas, o que levou o legislador a restringir manobras dilatórias.
- **Remissões internas:** Ver também: *Foro, Competência Absoluta, Competência Relativa, Juiz Natural.*

INDEFERIMENTO DA PETIÇÃO INICIAL

- **Conceito técnico-jurídico:** Ato judicial que rejeita de plano a petição inicial, impedindo o prosseguimento do processo quando ausentes requisitos legais ou presentes causas de inadmissibilidade evidentes.
- **Base legal:** Código de Processo Civil, artigos sobre requisitos da petição inicial e causas de indeferimento.
- **Enquadramento doutrinário:** O indeferimento pode ocorrer, por exemplo, por ausência de interesse, incompetência manifesta, falta de pedido ou causa de pedir inteligíveis, inépcia ou falta de recolhimento de custas em situações não sanáveis.
- **Aplicação prática:** Gera extinção do processo sem resolução de mérito, salvo hipóteses em que o juiz oportuniza correção de vícios antes de indeferir.
- **Observações críticas ou controvérsias:** O uso excessivo do indeferimento como filtro pode comprometer o acesso à justiça, motivo pelo qual o código estimula a emenda da inicial sempre que o vício for sanável.
- **Remissões internas:** Ver também: *Petição Inicial, Inépcia, Condições da Ação, Extinção do Processo.*

INÉPCIA DA INICIAL

- **Conceito técnico-jurídico:** Defeito grave da petição inicial que impede a compreensão clara do pedido ou da causa de pedir, tornando inviável o exercício da defesa e o julgamento de mérito.
- **Base legal:** Código de Processo Civil, dispositivos que elencam hipóteses de inépcia.
- **Enquadramento doutrinário:** Ocorre, por exemplo, quando o pedido é indeterminado fora das hipóteses permitidas, quando a narração dos fatos é confusa ou contraditória, ou quando há incompatibilidade lógica entre causa de pedir e pedido.
- **Aplicação prática:** Reconhecida a inépcia, o juiz pode determinar emenda para correção; não sendo sanado o vício, indeferirá a inicial e extinguirá o processo sem resolução de mérito.
- **Observações críticas ou controvérsias:** Exige-se do juiz certa tolerância com imperfeições formais, evitando decisões formalistas que inviabilizem a tutela de direitos por pequenos defeitos de redação.
- **Remissões internas:** Ver também: Petição Inicial, Indeferimento, Acesso à Justiça, Princípio da Instrumentalidade das Formas.

LETRA J

JURISDIÇÃO

- **Conceito técnico-jurídico:** Poder, função e atividade do Estado de dizer o direito no caso concreto, solucionando conflitos de interesses e aplicando a lei por meio de decisões obrigatórias.
- **Base legal:** Constituição Federal (organização do Poder Judiciário e competências); Código de Processo Civil (normas fundamentais do processo).
- **Enquadramento doutrinário:** Caracteriza-se pela substitutividade (o Estado substitui a vontade das partes), imparcialidade do órgão julgador, inércia (atua mediante provocação) e definitividade relativa das decisões.
- **Aplicação prática:** Manifesta-se em processos de conhecimento, execução e procedimentos especiais, tanto na Justiça comum quanto na Justiça especializada.
- **Observações críticas ou controvérsias:** Debatem-se os limites da jurisdição frente a meios alternativos de solução de conflitos, como arbitragem e mediação, sem esvaziar a garantia de acesso à justiça.

- **Remissões internas:** Ver também: *Competência, Acesso à Justiça, Arbitragem, Coisa Julgada.*

JURISPRUDÊNCIA

- **Conceito técnico-jurídico:** Conjunto de decisões reiteradas dos tribunais sobre determinada matéria, formando uma linha interpretativa relativamente estável do direito.
- **Base legal:** Código de Processo Civil (regras sobre precedentes obrigatórios, súmulas vinculantes, julgamentos repetitivos e incidentes de resolução de demandas repetitivas).
- **Enquadramento doutrinário:** Em sentido amplo, abrange toda produção decisória dos tribunais; em sentido mais estrito, refere-se a entendimentos consolidados que orientam julgamentos futuros.
- **Aplicação prática:** Serve como referência para petições, defesas e decisões, reduzindo incertezas e promovendo isonomia na aplicação da lei a casos semelhantes.
- **Observações críticas ou controvérsias:** A transformação de certos precedentes em normas obrigatórias suscita debate sobre equilíbrio entre segurança jurídica e flexibilidade interpretativa.

- **Remissões internas:** Ver também: *Precedentes, Súmula Vinculante, Coisa Julgada, Segurança Jurídica.*

JUS POSTULANDI

- **Conceito técnico-jurídico:** Faculdade de postular em juízo em causa própria, praticando pessoalmente atos processuais sem a representação de advogado.
- Base legal: Consolidação das Leis do Trabalho (previsão de jus postulandi das partes na Justiça do Trabalho); Constituição Federal (indispensabilidade do advogado, com exceções).
- **Enquadramento doutrinário:** É exceção à regra geral de que a capacidade postulatória pertence ao advogado; restringe-se a hipóteses específicas e não alcança determinados recursos e ações de maior complexidade.
- **Aplicação prática:** Na Justiça do Trabalho, permite que empregado e empregador ingressem diretamente com reclamações e pratiquem atos básicos, embora haja forte recomendação de assistência profissional.
- **Observações críticas ou controvérsias:** A compatibilidade entre jus postulandi e garantia de ampla defesa é questionada,

especialmente diante da complexidade crescente das lides trabalhistas.

- **Remissões internas:** Ver também: *Capacidade Postulatória, Justiça do Trabalho, Acesso à Justiça, Assistência Judiciária.*

JULGADO (DECISÃO JUDICIAL)

- **Conceito técnico-jurídico:** Resultado formal da atuação jurisdicional em um caso concreto, consubstanciado em sentença ou acórdão que resolve, total ou parcialmente, a lide.
- **Base legal:** Código de Processo Civil, dispositivos sobre sentença, decisões interlocutórias e acórdãos.
- **Enquadramento doutrinário:** O julgado declara, constitui, modifica ou extingue relações jurídicas, podendo formar coisa julgada material ou apenas produzir efeitos processuais.
- **Aplicação prática:** Serve de base para cumprimento de sentença, execução, formação de precedentes e instauração de ações rescisórias quando presentes vícios graves.
- **Observações críticas ou controvérsias:** A clareza, coerência e fundamentação adequada do julgado são requisitos essenciais para sua

legitimidade e para o controle por vias recursais.

- **Remissões internas:** Ver também: *Sentença, Acórdão, Coisa Julgada, Ação Rescisória.*

JURISDIÇÃO VOLUNTÁRIA

- **Conceito técnico-jurídico:** Atuação do Judiciário em procedimentos em que não há, propriamente, conflito entre partes, mas necessidade de intervenção estatal para suprir, homologar ou fiscalizar determinados atos privados.
- **Base legal**: Código de Processo Civil, capítulo específico sobre procedimentos de jurisdição voluntária.
- **Enquadramento doutrinário:** O juiz atua mais como gestor de interesses privados do que como árbitro de litígios, ainda que se mantenha submetido aos princípios da legalidade, motivação c controle recursal.
- **Aplicação prática:** Exemplos clássicos são alvarás judiciais, nomeação de tutores e curadores, homologação de acordos extrajudiciais e certas medidas em matéria de família e sucessões.
- **Observações críticas ou controvérsias:** Discute-se o grau de contraditório necessário e a possibilidade de uso da jurisdição voluntária para conferir maior segurança a

atos que poderiam ser praticados apenas em cartório.

- **Remissões internas:** Ver também: *Jurisdição Contenciosa, Alvará Judicial, Curatela, Homologação.*

JULGAMENTO ANTECIPADO DO MÉRITO

- **Conceito técnico-jurídico:** Forma de decisão em que o juiz resolve de imediato o pedido, com sentença de mérito, sem necessidade de fase de instrução probatória.
- **Base legal:** Código de Processo Civil, artigo 355.
- **Enquadramento doutrinário:** É cabível quando a causa versar apenas sobre matéria de direito ou quando os fatos já estiverem comprovados documentalmente, bem como em certas hipóteses de revelia com efeitos materiais.
- **Aplicação prática:** Muito utilizado em ações em que a prova é essencialmente documental (contratos, cobranças, ações declaratórias) e em litígios repetitivos com tese jurídica consolidada.
- **Observações críticas ou controvérsias:** A principal discussão é o risco de cerceamento de defesa quando o juiz julga antecipadamente em causas que exigiriam prova oral ou pericial.

- **Remissões internas:** Ver também: *Prova, Cerceamento de Defesa, Sentença, Revelia.*

JUIZ NATURAL

- **Conceito técnico-jurídico:** Garantia segundo a qual ninguém será processado nem sentenciado senão pela autoridade competente, previamente estabelecida pela Constituição e pela lei, vedados juízos ou tribunais de exceção.
- **Base legal:** Constituição Federal, artigo 5º, incisos XXXVII e LIII.
- **Enquadramento doutrinário:** Protege contra manipulação do órgão julgador, assegurando que competência, composição e regras de atuação do juízo sejam definidas antes do caso concreto.
- **Aplicação prática:** Impede criação de tribunais especiais para julgar determinados fatos ou pessoas e fundamenta nulidades quando há designação casuística de juízo ou afastamento arbitrário de magistrado.
- **Observações críticas ou controvérsias:** Discussões recentes envolvem deslocamento de competência, juízos especializados e redistribuições determinadas por órgãos administrativos dos tribunais.

- **Remissões internas:** Ver também: *Imparcialidade do Juiz, Competência, Devido Processo Legal, Separação de Poderes.*

JUSTIÇA GRATUITA

- **Conceito técnico-jurídico:** Benefício que assegura ao necessitado a isenção, total ou parcial, do pagamento de custas, despesas processuais e, em certos casos, honorários, para garantir o acesso à justiça.
- **Base legal:** Constituição Federal (acesso à justiça); Código de Processo Civil, artigos 98 a 102.
- **Enquadramento doutrinário:** Basta a declaração de insuficiência de recursos pela parte, em regra, para concessão do benefício, que pode ser revisto se comprovada capacidade econômica.
- **Aplicação prática:** Alcança custas, taxas judiciais, despesas com perícias e alguns emolumentos; não afasta, por si só, a condenação em honorários, apenas condiciona sua exigibilidade à melhora da situação econômica do beneficiário.
- **Observações críticas ou controvérsias:** Debatem-se critérios para aferição da hipossuficiência, riscos de banalização do benefício e sustentabilidade financeira do sistema de justiça.

- **Remissões internas:** Ver também: *Acesso à Justiça, Hipossuficiência, Custas Processuais, Honorários Advocatícios.*

LETRA K

KEY CERTIFICATION (NO DIREITO DIGITAL)

Conceito técnico-jurídico: Processo de certificação de chaves criptográficas utilizado para garantir autenticidade, integridade e não repúdio em operações eletrônicas.
Base legal: Fundado em normas sobre certificação digital, infraestrutura de chaves públicas e documentos eletrônicos.
Enquadramento doutrinário: Integra o regime da assinatura digital e da prova eletrônica, permitindo equiparação de documentos eletrônicos a documentos físicos. **Aplicação prática:** Usado em assinaturas digitais de contratos, peticionamento eletrônico, autenticação de usuários e proteção de dados sensíveis.

Observações críticas ou controvérsias: Discutem-se a confiança nas autoridades certificadoras, riscos de ataque às chaves e obsolescência tecnológica.

Remissões internas: Ver também: *Assinatura Digital, Certificação Digital, Prova Eletrônica, Processo Eletrônico.*

LETRA L

LEGITIMIDADE AD CAUSAM

- **Conceito técnico-jurídico:** Aptidão de alguém para figurar como parte em determinado processo específico, na posição de autor ou réu, em razão de vínculo jurídico direto com o objeto da demanda.
- **Base legal:** Código de Processo Civil, dispositivos sobre condições da ação e extinção sem resolução de mérito.
- **Enquadramento doutrinário:** Distingue-se da capacidade de ser parte (aptidão genérica) e pode ser ordinária (titular do direito discute em nome próprio) ou extraordinária (alguém pleiteia em nome próprio direito alheio, por autorização legal).
- **Aplicação prática:** A falta de legitimidade ativa ou passiva leva à extinção do processo sem exame do mérito, embora o CPC estimule a correção do polo passivo quando possível.

- **Observações críticas ou controvérsias:** Em ações coletivas, ações civis públicas e ações populares, o debate sobre legitimidade é central para definir quem pode atuar em defesa de interesses metaindividuais.
- **Remissões internas:** Ver também: *Condições da Ação, Interesse de Agir, Legitimidade Extraordinária, Ação Civil Pública.*

LITISCONSÓRCIO

- **Conceito técnico-jurídico:** Situação em que duas ou mais pessoas figuram, conjuntamente, como autoras ou rés em um mesmo processo, compartilhando o polo ativo ou passivo da demanda.
- **Base legal:** Código de Processo Civil, artigos 113 a 118.
- **Enquadramento doutrinário:** Pode ser ativo, passivo ou misto; facultativo (quando a reunião é possível, mas não obrigatória) ou necessário (quando a sentença deve abranger, de modo uniforme, todos os sujeitos); simples ou unitário, conforme a natureza da relação jurídica.
- **Aplicação prática:** Utilizado para evitar decisões contraditórias e otimizar recursos processuais, como em demandas envolvendo vários devedores solidários, co-herdeiros ou co-proprietários.

- **Observações críticas ou controvérsias:** O manejo do litisconsórcio necessário passivo é sensível, pois a ausência de um dos litisconsortes pode levar à nulidade da sentença ou à extinção do processo.
- **Remissões internas:** Ver também: *Intervenção de Terceiros, Litisconsórcio Necessário, Solidariedade, Competência.*

LIQUIDAÇÃO DE SENTENÇA

- **Conceito técnico-jurídico:** Fase ou procedimento destinado a determinar, com precisão, o quantum devido em sentença condenatória ilíquida, tornando-a apta à execução.
- **Base legal:** Código de Processo Civil, artigos sobre liquidação de sentença (por arbitramento, por artigos ou pelo procedimento adequado à espécie).
- **Enquadramento doutrinário:** A liquidação integra o título executivo judicial, sem rediscutir o direito reconhecido na sentença; serve apenas para quantificar a obrigação ou individualizar prestações.
- **Aplicação prática**: Comum em ações de responsabilidade civil, relações de consumo e demandas coletivas, em que o dano é reconhecido, mas o valor exato depende de

perícia, documentos posteriores ou prova específica.

- **Observações críticas ou controvérsias:** A linha entre liquidação e rediscussão do mérito é delicada; o excesso de alegações sobre fatos já decididos pode configurar violação à coisa julgada.
- **Remissões internas:** Ver também: *Cumprimento de Sentença, Título Executivo Judicial, Coisa Julgada, Perícia.*

LEGITIMIDADE NA EXECUÇÃO (ATIVA E PASSIVA)

- **Conceito técnico-jurídico:** Aptidão para figurar como exequente (quem promove a execução) ou executado (quem deve cumprir a obrigação) em processo de execução ou fase de cumprimento de sentença.
- **Base legal:** Código de Processo Civil, artigos 778 a 780 (execução) e dispositivos sobre cumprimento de sentença.
- Enquadramento doutrinário: Em regra, são legítimos o titular do crédito reconhecido em título executivo e o devedor nele indicado, admitindo-se sucessão, sub-rogação, cessão de crédito e outras hipóteses de legitimação derivada.
- **Aplicação prática:** Define quem pode promover atos de penhora, expropriação e

impugnação, bem como quais pessoas respondem com seu patrimônio pela obrigação executada.

- **Observações críticas ou controvérsias:** Em cadeias complexas de cessão de crédito, fusões e incorporações, a prova da legitimidade ativa ou passiva é ponto sensível na admissibilidade da execução.
- **Remissões internas:** Ver também: *Execução, Cumprimento de Sentença, Cessão de Crédito, Responsabilidade Patrimonial.*

LISURA DO PLEITO (ELEIÇÕES)

- **Conceito técnico-jurídico:** Qualidade do processo eleitoral que assegura eleições livres, autênticas e transparentes, sem fraudes, abusos de poder econômico ou político, corrupção ou uso indevido da máquina pública.
- **Base legal**: Constituição Federal (princípios do voto e da soberania popular); legislação eleitoral e de inelegibilidades, que impõe regras rígidas de transparência, fiscalização e punição de ilícitos eleitorais.
- **Enquadramento doutrinário:** A lisura eleitoral é vista como princípio estruturante do direito eleitoral, vinculada à igualdade de oportunidades entre candidatos e à proteção da vontade livre do eleitor.

- **Aplicação prática:** Fundamenta ações de investigação judicial, cassação de mandato, declaração de inelegibilidade e outras medidas para coibir compra de votos, uso indevido de meios de comunicação e abuso de poder.
- **Observações críticas ou controvérsias:** O desafio está em equilibrar rigor na repressão a ilícitos com segurança jurídica, evitando que disputas eleitorais se transformem em contencioso permanente pós-eleição.
- **Remissões internas:** Ver também: *Abuso de Poder Econômico, Inelegibilidade, Ação de Investigação Judicial Eleitoral, Democracia Representativa.*

LOCAÇÃO URBANA

- **Conceito técnico-jurídico:** Contrato pelo qual uma das partes (locador) cede à outra (locatário), por tempo determinado ou indeterminado, o uso e gozo de imóvel urbano, mediante pagamento de aluguel e encargos.
- **Base legal:** Lei nº 8.245/91 (Lei do Inquilinato).
- **Enquadramento doutrinário:** Regula direitos e deveres das partes, hipóteses de revisão de aluguel, garantias locatícias,

modalidades de denúncia e ações próprias, como o despejo para retomada da posse.

- **Aplicação prática:** Abrange locações residenciais e não residenciais, prevendo regras específicas para locação para temporada, renovatória comercial, garantias (fiança, caução, seguro-fiança) e despejo por falta de pagamento.
- **Observações críticas ou controvérsias:** Pontos sensíveis incluem reajustes abusivos, despejos em massa, proteção do ponto comercial e equilíbrio entre direito de propriedade do locador e direito à moradia do locatário.
- **Remissões internas:** Ver também: *Despejo, Fiança, Purgação da Mora, Ponto Comercial.*

LUCROS CESSANTES

- **Conceito técnico-jurídico:** Parcela indenizatória correspondente aos ganhos que a vítima razoavelmente deixou de obter em razão de ato ilícito ou inadimplemento, ou seja, o lucro frustrado.
- **Base legal:** Código Civil, artigo 402, que inclui, nas perdas e danos, o que efetivamente se perdeu e o que razoavelmente se deixou de lucrar.

- **Enquadramento doutrinário:** Integram o dano material, ao lado dos danos emergentes, exigindo prova do nexo causal entre a conduta e a frustração de ganhos futuros provável e verossímil, não meramente hipotética.
- **Aplicação prática:** Comuns em casos de paralisação de atividade empresarial, impossibilidade de uso de bem produtivo, atraso em obras e violação de contratos que gerariam receitas previsíveis.
- **Observações críticas ou controvérsias:** A maior dificuldade está na quantificação, que não pode ser puramente especulativa; a jurisprudência exige critérios objetivos, muitas vezes ancorados em perícias contábeis.
- **Remissões internas:** Ver também: *Danos Emergentes, Responsabilidade Civil, Perda de Uma Chance, Perícia Contábil.*

LETRA M

MANDADO DE SEGURANÇA

- **Conceito técnico-jurídico:** Ação constitucional destinada a proteger direito líquido e certo contra ato ilegal ou abusivo de autoridade pública ou de agente no exercício de função pública, quando não amparado por habeas corpus ou habeas data.

- **Base legal:** Constituição Federal, artigo 5º, incisos LXIX e LXX; legislação específica do mandado de segurança.
- **Enquadramento doutrinário:** Exige demonstração documental imediata do direito alegado (liquidez e certeza), não admitindo dilação probatória ampla; pode ser individual ou coletivo, este último proposto por entidades legitimadas.
- **Aplicação prática:** Muito utilizado para impugnar concursos públicos, atos administrativos ilegais, exigências fiscais indevidas e decisões de autoridade que violem direitos subjetivos de forma direta e atual.
- **Observações críticas ou controvérsias:** O uso do mandado de segurança como sucedâneo recursal é limitado; a jurisprudência restringe sua admissibilidade quando há recurso próprio eficaz.
- **Remissões internas:** Ver também: *Habeas Corpus, Habeas Data, Ação Popular, Ação Civil Pública.*

MEDIAÇÃO

- **Conceito técnico-jurídico:** Método consensual de solução de conflitos no qual um terceiro imparcial, sem poder decisório, auxilia as partes a dialogar, identificar interesses e construir, por si mesmas, um acordo.
- **Base legal:** Lei nº 13.140/2015 (Lei de Mediação); Código de Processo Civil, dispositivos que estimulam a autocomposição.
- **Enquadramento doutrinário:** Diferencia-se da conciliação pela ênfase na restauração do diálogo e na autonomia das partes; o mediador não impõe soluções, apenas facilita a comunicação.
- **Aplicação prática:** Muito utilizada em conflitos familiares, empresariais, condominiais e em relações continuadas, bem como em câmaras privadas e programas de mediação pré-processual nos tribunais.
- **Observações críticas ou controvérsias:** O grande desafio é evitar que assimetrias de poder entre as partes transformem um procedimento consensual em aceitação forçada de termos desiguais.
- **Remissões internas:** Ver também: *Conciliação, Arbitragem, Autocomposição, Acesso à Justiça.*

MORA CREDITORIS (MORA DO CREDOR)

- **Conceito técnico-jurídico:** Situação em que o credor, sem justa causa, recusa ou dificulta o recebimento da prestação oferecida pelo devedor no tempo, modo e lugar devidos, descumprindo seu dever de cooperação.
- **Base legal:** Código Civil, dispositivos sobre mora do devedor e do credor (mora debitoris e mora creditoris).
- **Enquadramento doutrinário:** A mora creditoris contrapõe-se à mora do devedor; exige que a prestação seja válida, exigível e corretamente ofertada, cabendo ao devedor provar que estava pronto a cumprir.
- **Aplicação prática:** Reconhecida, por exemplo, quando o credor não recebe parcelas em local ajustado, não fornece documentos necessários à prestação ou se omite em atos indispensáveis ao cumprimento do contrato.
- **Observações críticas ou controvérsias**: Seus efeitos incluem afastar juros de mora, transferir ao credor certos riscos sobre a coisa e, em casos extremos, até autorizar consignação em pagamento ou resolução contratual.
- **Remissões internas:** Ver também: *Mora Debitoris, Consignação em Pagamento, Inadimplemento, Responsabilidade Contratual.*

MEDIDA CAUTELAR (TUTELA CAUTELAR)

- **Conceito técnico-jurídico:** Providência jurisdicional de urgência voltada a conservar ou assegurar a utilidade prática do processo principal, evitando que o tempo torne ineficaz a futura decisão de mérito.
- **Base legal:** Código de Processo Civil, dispositivos sobre tutela provisória de urgência de natureza cautelar; no processo penal, regras específicas de medidas cautelares pessoais e reais.
- **Enquadramento doutrinário:** Exige probabilidade do direito e perigo de dano ou risco ao resultado útil do processo; tem caráter instrumental e não satisfativo, destinando-se a preservar, e não a antecipar, o bem da vida pretendido.
- **Aplicação prática:** Inclui arresto, sequestro, busca e apreensão, bloqueios de bens e restrições pontuais de liberdade ou de atuação, sempre condicionados a proporcionalidade e reversibilidade.
- **Observações críticas ou controvérsias:** O uso excessivo ou desproporcional de medidas cautelares, especialmente as penais pessoais, suscita debates intensos sobre presunção de inocência e abuso de poder.
- **Remissões internas:** Ver também: *Tutela de Urgência, Tutela Antecipada, Arresto Cautelar, Sequestro, Proporcionalidade.*

MEIOS EXECUTIVOS ATÍPICOS

- **Conceito técnico-jurídico:** Medidas de coerção ou sub-rogação não expressamente previstas em lei, mas admitidas em cláusula geral de efetivação da tutela jurisdicional, destinadas a compelir o devedor ao cumprimento da obrigação.
- **Base legal:** Código de Processo Civil, artigo 139, inciso IV, que confere ao juiz poderes para determinar medidas indutivas, coercitivas, mandamentais ou sub-rogatórias necessárias ao cumprimento de ordem judicial.
- **Enquadramento doutrinário:** São meios excepcionais, subsidiários e proporcionais, utilizados quando as medidas típicas (penhora, expropriação) se mostraram insuficientes para a satisfação do crédito.
- **Aplicação prática:** Exemplos discutidos na jurisprudência incluem suspensão de CNH, restrição ao uso de cartões de crédito e outras limitações patrimoniais e pessoais, desde que fundamentadas e com contraditório efetivo.
- **Observações críticas ou controvérsias**: O risco de transformar medidas atípicas em sanções pessoais desproporcionais levou os tribunais superiores a fixar requisitos rigorosos: indícios de patrimônio,

subsidiariedade, fundamentação concreta e respeito à dignidade do devedor.

- **Remissões internas:** Ver também: *Execução, Responsabilidade Patrimonial, Penhora, Dignidade da Pessoa Humana, Proporcionalidade.*

MENTIRA PROCESSUAL (LITIGÂNCIA DE MÁ-FÉ)

- **Conceito técnico-jurídico:** Conduta da parte que falta com a verdade dos fatos, altera deliberadamente a realidade ou utiliza o processo para fins ilícitos, enquadrando-se nas hipóteses de litigância de má-fé.
- **Base legal:** Código de Processo Civil, dispositivos sobre deveres das partes e responsabilidade por dano processual.
- **Enquadramento doutrinário:** A litigância de má-fé abrange afirmações sabidamente falsas, uso do processo para objetivos ilegítimos e resistência injustificada ao andamento do feito, sujeitando o litigante a multa e indenização.
- **Aplicação prática:** Reconhecida, por exemplo, quando a parte nega fato comprovado por documento seu, simula endereços ou fabrica provas para induzir o juiz em erro.

- **Observações críticas ou controvérsias:** A aplicação da multa exige prudência para não inibir o direito de defesa; o simples fato de perder a causa não caracteriza má-fé.
- **Remissões internas:** Ver também: *Dever de Lealdade Processual, Má-fé, Multa Processual, Prova.*

MERO ABORRECIMENTO (DANO MORAL)

- **Conceito técnico-jurídico:** Situações de desconforto, irritação ou transtorno cotidiano que, embora desagradáveis, não atingem de forma relevante a dignidade, honra ou integridade psíquica da pessoa, não gerando dano moral indenizável.
- **Base legal:** Construção jurisprudencial a partir das regras gerais de responsabilidade civil do Código Civil e da Constituição.
- **Enquadramento doutrinário:** Serve como filtro para distinguir incômodos normais da vida em sociedade de lesões efetivas a direitos da personalidade; evita banalização do dano moral.
- **Aplicação prática:** Exemplo típico são pequenos atrasos, falhas pontuais de serviço ou conflitos corriqueiros que não ultrapassam o razoável nem causam humilhação ou exposição grave.

- **Observações críticas ou controvérsias:** O limite entre mero aborrecimento e dano moral efetivo é tênue e altamente casuístico, variando conforme a intensidade do fato e a condição da vítima.
- **Remissões internas:** Ver também: *Dano Moral, Responsabilidade Civil, Desvio Produtivo do Consumidor, Direitos da Personalidade.*

MINISTÉRIO PÚBLICO (FUNÇÃO ESSENCIAL À JUSTIÇA)

- **Conceito técnico-jurídico:** Instituição permanente, essencial à função jurisdicional do Estado, incumbida da defesa da ordem jurídica, do regime democrático e dos interesses sociais e individuais indisponíveis.
- **Base legal:** Constituição Federal, capítulo próprio sobre o Ministério Público; leis orgânicas nacional e estaduais.
- **Enquadramento doutrinário:** Atua com independência funcional, unidade e indivisibilidade; pode exercer funções de parte (autor ou fiscal da lei) em processos penais, civis e de controle de políticas públicas.
- **Aplicação prática:** Propõe ações penais públicas, ações civis públicas, atua em procedimentos investigatórios, acompanha

processos de família, infância, idoso, consumidor e tutela o patrimônio público.

- **Observações críticas ou controvérsias:** Discute-se o alcance de seu poder investigatório e o equilíbrio entre protagonismo institucional e respeito às atribuições de outros poderes e órgãos.
- **Remissões internas:** Ver também: *Ação Civil Pública, Ação Penal Pública, Defensoria Pública, Controle Externo da Atividade Policial.*

MODULAÇÃO DE EFEITOS (CONTROLE DE CONSTITUCIONALIDADE)

- **Conceito técnico-jurídico:** Técnica pela qual o tribunal, ao declarar a inconstitucionalidade de uma norma, limita ou ajusta os efeitos temporais da decisão, para preservar segurança jurídica e interesse social.
- **Base legal:** Constituição Federal (controle de constitucionalidade) e legislação que disciplina efeitos de decisões em controle concentrado.
- **Enquadramento doutrinário:** Permite que a decisão produza efeitos apenas a partir de determinado marco temporal (ex nunc ou pro futuro), ou com ressalvas para situações consolidadas.
- **Aplicação prática:** Utilizada em temas de grande impacto econômico ou institucional,

como tributos, servidores públicos, previdência e políticas públicas estruturantes.

- **Observações críticas ou controvérsias:** A modulação é vista por alguns como flexibilização excessiva da nulidade da lei inconstitucional; por outros, como instrumento indispensável de estabilidade e previsibilidade.
- **Remissões internas:** Ver também: *Controle Concentrado, Coisa Julgada Constitucional, Segurança Jurídica, Precedentes.*

MULTA COMINATÓRIA (ASTREINTES)

- **Conceito técnico-jurídico:** Valor pecuniário fixado pelo juiz, geralmente por dia de atraso ou por ato de descumprimento, para compelir a parte a cumprir obrigação de fazer, não fazer ou entregar coisa.
- **Base legal:** Código de Processo Civil, dispositivos sobre tutela específica e multa coercitiva.
- **Enquadramento doutrinário:** Tem natureza coercitiva e inibitória, não punitiva; busca tornar o descumprimento economicamente desvantajoso em relação ao cumprimento espontâneo.
- **Aplicação prática:** Frequentíssima em ações contra planos de saúde, fornecedores de serviços, obrigação de fornecer documentos,

desocupação de imóveis e obrigações de fazer em geral.

- **Observações críticas ou controvérsias:** A multa não faz coisa julgada em seu valor; pode ser reduzida ou aumentada se se mostrar irrisória ou excessiva, para evitar enriquecimento sem causa.
- **Remissões internas:** Ver também: *Tutela de Urgência, Execução Indireta, Responsabilidade Civil, Enriquecimento sem Causa.*

MANDADO DE INJUNÇÃO

- **Conceito técnico-jurídico:** Remédio constitucional destinado a tornar viável o exercício de direitos e liberdades previstos na Constituição quando sua fruição estiver inviabilizada pela falta de norma regulamentadora.
- **Base legal:** Constituição Federal, artigo 5º, inciso LXXI; legislação específica sobre mandado de injunção.
- **Enquadramento doutrinário:** Atua como instrumento de integração normativa, suprindo omissões do legislador em matérias essenciais, especialmente direitos ligados à nacionalidade, soberania e cidadania.

- **Aplicação prática:** Permite que tribunais estabeleçam critérios provisórios para o exercício de direitos até que o Poder Legislativo edite a norma faltante.
- **Observações críticas ou controvérsias:** O debate gira em torno do limite entre suprir omissão legislativa e invadir espaço de atuação do Legislativo, exigindo autocontenção e fundamentação rigorosa.
- **Remissões internas:** Ver também: *Controle de Constitucionalidade, Inércia Legislativa, Ação Direta de Inconstitucionalidade por Omissão.*

MORA DEBITORIS (MORA DO DEVEDOR)

- **Conceito técnico-jurídico:** Atraso culposo do devedor no cumprimento de obrigação ainda útil ao credor, caracterizando inadimplemento relativo, com manutenção da possibilidade de adimplemento tardio.
- **Base legal:** Código Civil, dispositivos gerais sobre mora e inadimplemento das obrigações.
- **Enquadramento doutrinário:** Exige obrigação válida e exigível, atraso imputável ao devedor e, em certas situações, prévia interpelação; seus efeitos incluem incidência de juros moratórios, correção e eventual cláusula penal.

- **Aplicação prática:** Verificada em contratos de prestação de serviços, financiamentos, locações e outras relações em que o devedor paga ou cumpre fora do prazo ajustado.
- **Observações críticas ou controvérsias**: Discute-se quando a mora é automática e quando depende de notificação, bem como o limite entre atraso tolerável e inadimplemento absoluto.
- **Remissões internas:** Ver também: *Mora Creditoris, Inadimplemento Absoluto, Cláusula Penal, Juros Moratórios.*

MÚTUO (EMPRÉSTIMO DE COISAS FUNGÍVEIS)

- **Conceito técnico-jurídico:** Contrato pelo qual uma pessoa (mutuante) entrega a outra (mutuário) dinheiro ou outros bens fungíveis, obrigando-se o mutuário a restituir, em prazo ajustado, coisa do mesmo gênero, qualidade e quantidade.
- **Base legal:** Código Civil, artigos sobre empréstimo de consumo (mútuo).
- **Enquadramento doutrinário:** Transfere a propriedade do bem ao mutuário, que assume os riscos da coisa desde a tradição; pode ser gratuito ou oneroso, quando há juros.
- **Aplicação prática:** Comum em operações de crédito entre particulares, contratos bancários,

empréstimos informais registrados em instrumento **particular ou público.**

- **Observações críticas ou controvérsias:** A cobrança de juros em mútuo entre particulares deve observar limites legais e princípios de vedação ao enriquecimento sem causa e à usura.
- **Remissões internas:** Ver também: Comodato, Juros Remuneratórios, Contratos Bancários, Título Executivo.

MUTATIS MUTANDIS

- **Conceito técnico-jurídico:** Expressão latina que significa "mudando o que deve ser mudado", usada para indicar que determinada regra, raciocínio ou precedente se aplica a outro caso, com as adaptações necessárias.
- **Base legal:** Não é instituto previsto em artigo específico, mas latinismo consolidado na linguagem jurídica, especialmente em decisões e peças processuais.
- **Enquadramento doutrinário:** Funciona como atalho argumentativo para transpor soluções já aceitas para situações análogas, deixando claro que nem todos os elementos são idênticos, mas a estrutura lógica permanece.

- **Aplicação prática:** Aparece em votos, sentenças e petições ao estender entendimento firmado em um processo para outro, sinalizando que a mesma ratio decidendi é aproveitada, com ajustes fáticos ou normativos.
- **Observações críticas ou controvérsias:** Exige cuidado para que "analogias" não sejam usadas de forma superficial, ignorando diferenças relevantes entre os casos comparados.
- **Remissões internas:** Ver também: *Analogia, Precedentes, Interpretação Sistemática, Jurisprudência.*

LETRA N

NULIDADE ABSOLUTA

- **Conceito técnico-jurídico**: Invalidade grave de ato ou negócio jurídico que viola norma de ordem pública ou requisito essencial, tornando-o ineficaz desde a origem, independentemente de declaração judicial.

- **Base legal:** Código Civil, dispositivos sobre invalidade e nulidade do negócio jurídico; regras processuais sobre nulidades insanáveis.
- **Enquadramento doutrinário:** Pode ser alegada por qualquer interessado, pelo Ministério Público quando lhe couber intervir e deve ser reconhecida de ofício pelo juiz; não se convalesce pelo tempo nem pela vontade das partes.
- **Aplicação prática:** Exemplo típico é o negócio com objeto ilícito, falta de forma essencial exigida em lei ou celebração por absolutamente incapaz em hipóteses não autorizadas; também ocorre em processos com vícios gravíssimos de competência ou defesa.
- **Observações críticas ou controvérsias:** A extensão do que se considera ordem pública e os limites do reconhecimento de ofício são pontos de frequente debate doutrinário e jurisprudencial.
- **Remissões internas:** Ver também: *Nulidade Relativa (Anulabilidade), Invalidade do Negócio Jurídico, Ordem Pública, Coisa Julgada.*

NULIDADE RELATIVA (ANULABILIDADE)

- **Conceito técnico-jurídico**: Invalidade menos grave que afeta ato ou negócio jurídico por vícios que atingem, sobretudo, interesses das partes diretamente envolvidas, mantendo-o eficaz até que seja anulado por decisão judicial.

- **Base legal:** Código Civil, dispositivos sobre anulabilidade, prazos decadenciais e confirmação do negócio.
- **Enquadramento doutrinário:** Só pode ser alegada por quem é protegido pela norma violada; admite confirmação expressa ou tácita e está sujeita a prazos para ser arguida, sob pena de convalidação.
- **Aplicação prática:** Abrange hipóteses de erro, dolo, coação ou incapacidade relativa; também se aplica a nulidades processuais que dependem de demonstração de prejuízo e devem ser alegadas no momento oportuno.
- **Observações críticas ou controvérsias:** A exigência de demonstrar prejuízo e a preclusão em nulidades relativas no processo exigem atuação rápida e técnica da parte interessada.
- **Remissões internas:** Ver também: *Nulidade Absoluta, Vícios do Consentimento, Decadência, Preclusão.*

NEXO DE CAUSALIDADE

- **Conceito técnico-jurídico:** Relação de causa e efeito que deve existir entre a conduta do agente (ação ou omissão) e o dano experimentado pela vítima, para que surja o dever de indenizar ou punir.
- **Base legal:** Código Civil, regras gerais de responsabilidade civil; Código Penal, dispositivos sobre resultado e imputação.
- **Enquadramento doutrinário:** É um dos pressupostos da responsabilidade civil e penal, ao lado da conduta, culpa/dolo e dano; diversas teorias procuram delimitar quando um fato é juridicamente considerado causa (equivalência das condições, causalidade adequada, imputação objetiva).
- **Aplicação prática:** Serve para excluir responsabilidade em situações em que o dano decorre de fato exclusivo da vítima, de terceiro, caso fortuito ou força maior, rompendo o elo causal.
- **Observações críticas ou controvérsias:** A definição dos limites do nexo causal em cadeias complexas (erros médicos sucessivos, acidentes em série, danos ambientais) é altamente controvertida e depende de forte componente valorativo.
- **Remissões internas:** Ver também: *Responsabilidade Civil, Culpa, Dano, Causa Estranha, Imputação Objetiva.*

NE BIS IN IDEM (NON BIS IN IDEM)

- **Conceito técnico-jurídico:** Princípio segundo o qual ninguém pode ser punido ou processado mais de uma vez pelo mesmo fato, impedindo dupla persecução ou dupla sanção de mesma natureza sobre a mesma conduta.
- **Base legal:** Fundamento constitucional na vedação a múltiplas punições penais pelo mesmo crime; concretizado em regras de coisa julgada penal e em entendimentos sobre cumulação de sanções administrativas e penais.
- **Enquadramento doutrinário:** Atua como limite ao poder punitivo do Estado, garantindo segurança jurídica e estabilidade das decisões; admite, em certas hipóteses, cumulação de sanções de naturezas distintas (penal e administrativa), desde que não haja bis in idem material.
- **Aplicação prática**: Impede novo processo penal por fato já julgado definitivamente e orienta a dosimetria da pena, evitando que a mesma circunstância seja usada mais de uma vez para agravar a punição.
- **Observações críticas ou controvérsias:** Discussões atuais envolvem a fronteira entre sanções penais e administrativas sancionatórias, sobretudo em matéria econômica, ambiental e de improbidade.

- **Remissões internas**: Ver também: *Coisa Julgada Penal, Poder Punitivo do Estado, Sanção Administrativa, Dosimetria da Pena.*

NOTIFICAÇÃO EXTRAJUDICIAL

- **Conceito técnico-jurídico:** Ato pelo qual uma pessoa, por meio de cartório de títulos e documentos ou por outra forma idônea, dá ciência formal a outra sobre determinado fato, exigência ou intenção, com o objetivo de constituí-la em mora, prevenir litígios ou preparar futura demanda.
- **Base legal:** Código Civil (regras sobre mora, constituição em mora e cláusulas resolutivas); legislação de registros públicos quanto à notificação via cartório de títulos e documentos.
- **Enquadramento doutrinário:** É ato jurídico em sentido estrito que produz efeitos relevantes, como demonstrar boa-fé, interromper ou influenciar prazos, formalizar tentativas de solução amigável e comprovar ciência inequívoca do destinatário.
- **Aplicação prática:** Usada para cobrar dívidas, notificar rescisão contratual, exigir cumprimento de cláusulas, constituir locatário

em mora, comunicar infrações e registrar advertências formais.

- **Observações críticas ou controvérsias:** A validade da notificação depende de conteúdo claro, identificação correta das partes e comprovação de entrega; falhas na forma podem comprometer seu valor probatório.
- **Remissões internas:** Ver também: *Mora Debitoris, Mora Creditoris, Resolução Contratual, Prova Documental.*

NOVAÇÃO

- **Conceito técnico-jurídico:** Forma de extinção de obrigação pela criação de uma nova, que substitui integralmente a anterior, modificando seu objeto, sujeito ou ambos, com ânimo inequívoco de novar.
- **Base legal:** Código Civil, dispositivos específicos sobre novação.
- **Enquadramento doutrinário:** Pode ser objetiva (mudança do objeto ou da prestação), subjetiva passiva (substituição do devedor), subjetiva ativa (substituição do credor) ou mista; exige capacidade das partes, existência de obrigação válida anterior e intenção clara de substituir.
- **Aplicação prática:** Frequente em renegociações de dívidas, reestruturações de

contratos e operações bancárias, nas quais se extingue o débito antigo e se cria nova obrigação com condições diversas.

- **Observações críticas ou controvérsias:** A mera concessão de prazo, descontos ou renegociação parcial nem sempre configura novação; sem prova do animus novandi, entende-se que houve apenas modificação acessória da obrigação.
- **Remissões internas:** Ver também: *Dação em Pagamento, Assunção de Dívida, Cessão de Crédito, Extinção das Obrigações.*

LETRA O

ÔNUS DA PROVA

- **Conceito técnico-jurídico:** Encargo atribuído às partes de demonstrar, por meio de provas, a veracidade dos fatos que afirmam em juízo, sob pena de sofrerem as consequências da falta de comprovação.
- **Base legal:** Código de Processo Civil, artigo 373.
- **Enquadramento doutrinário:** Regra geral: o autor deve provar os fatos constitutivos de seu

direito, e o réu, os fatos impeditivos, modificativos ou extintivos; admite-se distribuição dinâmica do ônus quando a prova for excessivamente difícil para uma parte e mais acessível à outra.

- **Aplicação prática:** Orienta a estratégia probatória, a indicação de documentos, testemunhas e perícias, além de servir de critério de julgamento quando determinado fato permanece duvidoso ao final da instrução.
- **Observações críticas ou controvérsias:** A redistribuição judicial do ônus da prova exige decisão fundamentada e prévia, sob pena de surpresa; no consumo, a inversão pode decorrer de lei ou de decisão judicial, considerando verossimilhança e hipossuficiência.
- **Remissões internas:** Ver também: *Prova, Inversão do Ônus da Prova, Hipossuficiência, Princípio do Contraditório.*

ORDEM PÚBLICA

- **Conceito técnico-jurídico:** Conjunto de princípios, valores e normas essenciais à preservação da paz social, segurança, moralidade, saúde e tranquilidade coletivas, funcionando como limite à autonomia privada e ao exercício de direitos individuais.
- **Base legal:** Espalhada por todo o ordenamento, especialmente na Constituição,

no direito administrativo, penal, civil e em normas de polícia; também invocada como cláusula de reserva em arbitragem e em direito internacional.

- **Enquadramento doutrinário:** Atos ou convenções que violem a ordem pública podem ser considerados nulos; o conceito é aberto e permite ao Estado interferir quando interesses sociais relevantes se contrapõem a interesses particulares.
- **Aplicação prática:** Utilizada para justificar limitações a contratos, intervenções policiais, restrições a manifestações, controle de cláusulas abusivas e recusa de homologação de sentenças ou laudos estrangeiros incompatíveis com princípios fundamentais.
- **Observações críticas ou controvérsias:** Por ser conceito indeterminado, exige cautela para não se tornar justificativa genérica de medidas autoritárias ou intervenções desproporcionais na esfera privada.
- **Remissões internas:** Ver também: *Nulidade Absoluta, Poder de Polícia, Cláusula de Ordem Pública, Direitos Fundamentais.*

OBRIGAÇÃO PROPTER REM

- **Conceito técnico-jurídico:** Obrigação ligada à titularidade de determinado bem, em que o sujeito passivo é definido em razão da propriedade ou posse qualificada da coisa, e não por um vínculo pessoal originário.

- **Base legal:** Código Civil, dispositivos sobre direitos reais e responsabilidade por despesas inerentes à coisa, além de normas específicas como as que tratam de condomínio edilício e tributos reais.
- **Enquadramento doutrinário:** Caracteriza-se por acompanhar o bem em suas transmissões, de modo que o adquirente passa a responder pela obrigação enquanto mantiver a titularidade ou posse; o devedor pode, em tese, se liberar pelo abandono do bem.
- **Aplicação prática:** Exemplos clássicos são despesas condominiais, certos tributos como IPTU e obrigações ambientais relacionadas ao imóvel; quem adquire o bem assume também esses encargos.
- **Observações críticas ou controvérsias:** A delimitação entre obrigações verdadeiramente propter rem e obrigações meramente pessoais com eficácia real é tema de forte debate na doutrina civilista contemporânea.
- **Remissões internas:** Ver também: *Direitos Reais, Condomínio, Responsabilidade Tributária, Obrigações Reais.*

OBRIGAÇÃO DE MEIO E OBRIGAÇÃO DE RESULTADO

- **Conceito técnico-jurídico:** Obrigações de meio são aquelas em que o devedor se compromete a empregar diligência e técnica adequadas, sem garantir resultado específico; obrigações de resultado são aquelas em que o devedor assume o compromisso de alcançar determinado efeito concreto.
- **Base legal:** Decorre da interpretação dos princípios gerais de responsabilidade contratual no Código Civil, desenvolvida pela doutrina e jurisprudência, especialmente em contratos de prestação de serviços.
- **Enquadramento doutrinário:** Na obrigação de meio, a responsabilidade costuma depender da prova de culpa do devedor; na obrigação de resultado, o não atingimento do resultado faz presumir o inadimplemento, invertendo, em regra, o encargo argumentativo.
- **Aplicação prática:** A atividade médica tradicionalmente é enquadrada como obrigação de meio, enquanto serviços como transporte de passageiros, certos procedimentos estéticos e entregas contratadas são frequentemente vistos como obrigações de resultado.
- **Observações críticas ou controvérsias:** A classificação tem sido relativizada em alguns contextos, com críticas ao uso automático das categorias e defesa de análise mais fina do contrato e dos riscos inerentes à atividade.

- **Remissões internas:** Ver também: *Responsabilidade Civil Contratual, Culpa, Inversão do Ônus da Prova, Contrato de Prestação de Serviços.*

LETRA P

PERÍCIA

- **Conceito técnico-jurídico:** Meio de prova de natureza técnica ou científica, realizada por profissional especializado, destinado a esclarecer fatos relevantes para o julgamento que exigem conhecimento específico além da experiência comum do juiz.
- **Base legal:** Código de Processo Civil, dispositivos sobre prova pericial (espécies, nomeação de perito, assistentes técnicos, laudo e quesitos).
- **Enquadramento doutrinário:** A prova pericial pode assumir a forma de exame, vistoria ou avaliação, devendo o laudo expor objeto, metodologia, análise e conclusões, sujeito ao contraditório e à possibilidade de esclarecimentos complementares.

- **Aplicação prática:** Essencial em causas que envolvem engenharia, contabilidade, medicina, meio ambiente, informática, avaliação de bens e cálculos complexos.
- **Observações críticas ou controvérsias:** O juiz pode indeferir a perícia quando desnecessária ou meramente protelatória; discute-se muito a qualidade técnica dos laudos e a dependência excessiva do magistrado em relação ao perito.
- **Remissões internas:** Ver também: *Prova, Laudo Pericial, Assistente Técnico, Ônus da Prova.*

PRELIMINAR (QUESTÃO PRELIMINAR)

- **Conceito técnico-jurídico:** Questão processual que deve ser examinada e decidida antes da análise do mérito, por dizer respeito à própria constituição, validade ou regularidade da relação processual.
- **Base legal:** Código de Processo Civil, dispositivos sobre condições da ação, pressupostos processuais, defesas processuais e ordem de julgamento das questões.
- **Enquadramento doutrinário:** Podem versar sobre competência, legitimidade das partes, inépcia da petição inicial, prescrição, nulidades processuais, entre outros temas que,

se acolhidos, podem obstar o julgamento do pedido principal.

- **Aplicação prática:** São suscitadas em contestação, contrarrazões ou em grau recursal, e devem ser apreciadas pelo juiz ou tribunal antes de ingressar no exame do direito material.
- **Observações críticas ou controvérsias:** O não enfrentamento de preliminar relevante pode gerar nulidade da decisão; também se discute o uso abusivo de preliminares como estratégia meramente protelatória.
- **Remissões internas:** Ver também: *Pressupostos Processuais, Condições da Ação, Nulidade Processual, Extinção sem Resolução do Mérito.*

PRINCÍPIO DA PROPORCIONALIDADE

- **Conceito técnico-jurídico:** Diretriz segundo a qual qualquer restrição a direitos ou imposição de deveres deve ser adequada, necessária e equilibrada em relação ao fim legítimo que se pretende alcançar.
- **Base legal:** Reconhecido como princípio constitucional implícito, derivado do devido processo legal e expresso em normas como o artigo 2º da Lei 9.784/99, que veda sanções ou obrigações em medida superior à estritamente necessária ao interesse público.

- **Enquadramento doutrinário:** Tradicionalmente desdobrado em três subprincípios: adequação (a medida deve ser apta a atingir o fim), necessidade (não deve haver alternativa menos gravosa igualmente eficaz) e proporcionalidade em sentido estrito (os benefícios devem superar os sacrifícios impostos).
- **Aplicação prática:** Utilizado no controle de constitucionalidade de leis, na revisão de sanções administrativas, penais e civis, na limitação de medidas cautelares e na ponderação entre direitos fundamentais em conflito.
- **Observações críticas ou controvérsias:** Há debate sobre o risco de subjetivismo judicial no uso da ponderação, exigindo fundamentação densa e critérios racionais para evitar decisões voluntaristas.
- **Remissões internas:** Ver também: Razoabilidade, Devido Processo Legal, Direitos Fundamentais, Controle de Constitucionalidade.

PRINCÍPIO DA PUBLICIDADE DOS ATOS PROCESSUAIS

- **Conceito técnico-jurídico:** Garantia segundo a qual, como regra, os atos processuais são públicos e acessíveis, permitindo controle social da atividade jurisdicional e transparência na administração da justiça.

- **Base legal:** Constituição Federal, artigo 5º, inciso LX, e artigo 93, inciso IX, que asseguram a publicidade dos atos processuais e das decisões judiciais, admitindo sigilo apenas quando a intimidade ou o interesse social o exigirem.
- **Enquadramento doutrinário:** A publicidade tem dimensão externa (fiscalização pela sociedade em geral) e interna (comunicação às partes para assegurar contraditório e ampla defesa), integrando o devido processo legal.
- **Aplicação prática:** Materializa-se no acesso aos autos, na realização de audiências abertas ao público, na publicação de decisões e na disponibilização eletrônica de informações processuais, ressalvados processos sob sigilo.
- **Observações críticas ou controvérsias:** A compatibilização entre publicidade, proteção de dados pessoais e preservação da intimidade em processos sensíveis (família, infância, saúde, criminal) é um dos grandes desafios atuais.
- **Remissões internas:** Ver também: *Devido Processo Legal, Contraditório, Intimidade, Lei Geral de Proteção de Dados.*

PRINCÍPIO DA RAZOABILIDADE

- **Conceito técnico-jurídico**: Postulado segundo o qual decisões estatais –

legislativas, administrativas ou judiciais – devem ser lógicas, equilibradas e não arbitrárias, guardando coerência entre meios empregados e fins perseguidos.

- **Base legal**: Considerado princípio constitucional implícito, decorrente do devido processo legal, da igualdade e dos princípios da Administração Pública, com referência expressa em normas de processo administrativo.
- **Enquadramento doutrinário:** Funciona como critério de controle da atuação estatal, complementando a legalidade e dialogando estreitamente com a proporcionalidade, embora com recorte mais voltado à racionalidade e à vedação de excessos manifestos.
- **Aplicação prática:** Utilizado para anular atos administrativos desarrazoados, revisar sanções desproporcionais, interpretar normas de forma compatível com a lógica do sistema e coibir formalismos inúteis no processo.
- **Observações críticas ou controvérsias:** A amplitude conceitual exige fundamentação densa para evitar que a "razoabilidade" vire justificativa genérica para decisões subjetivas.
- **Remissões internas:** Ver também: *Proporcionalidade, Legalidade, Devido Processo Legal, Controle de Constitucionalidade.*

PRECLUSÃO

- **Conceito técnico-jurídico:** Perda do direito de praticar determinado ato processual em razão do decurso do prazo, do seu exercício anterior ou da sua incompatibilidade lógica com conduta já adotada no processo.
- **Base legal:** Código de Processo Civil, regras sobre prazos, estabilização de decisões e vedação ao comportamento contraditório; decorre também de princípios como segurança jurídica, lealdade e boa-fé processual.
- **Enquadramento doutrinário:** Tradicionalmente divide-se em preclusão temporal (perda pelo fim do prazo), consumativa (ato já realizado não pode ser repetido) e lógica (vedação a conduta incompatível com atuação anterior).
- **Aplicação prática:** Impede, por exemplo, que a parte recorra fora do prazo, volte atrás em opção de rito já exercida ou alegue nulidade não suscitada em momento oportuno, estabilizando a marcha processual.
- **Observações críticas ou controvérsias:** O sistema admite exceções em temas de ordem pública, direitos indisponíveis e nulidades absolutas, nas quais a rigidez da preclusão é relativizada para preservar a legalidade e a justiça da decisão.

- **Remissões internas:** Ver também: *Prazo Processual, Coisa Julgada, Nulidade Processual, Boa-fé Processual.*

PRESCRIÇÃO (CIVIL)

- **Conceito técnico-jurídico**: Extinção da pretensão de exigir em juízo o cumprimento de um direito violado, em razão do decurso do prazo previsto em lei, permanecendo, em tese, o direito material em si.
- **Base legal:** Código Civil, artigos 189 a 206 (prazo geral e prazos específicos).
- **Enquadramento doutrinário:** É instituto de direito material com efeitos processuais, ligado à segurança jurídica e à estabilização das relações; admite, em regra, causas de impedimento, suspensão e interrupção, bem como renúncia pelo beneficiário após consumada.
- **Aplicação prática:** Incide em pretensões de cobrança de dívidas, reparação civil, honorários, aluguéis e outras, com prazos variados (um, três, cinco ou dez anos, conforme o caso).
- **Observações críticas ou controvérsias:** A correta qualificação de determinado prazo como prescricional ou decadencial é frequentemente discutida e pode alterar completamente o regime de contagem, suspensão e renúncia.

- **Remissões internas:** Ver também: *Decadência, Prazo Prescricional, Segurança Jurídica, Extinção da Pretensão.*

PRESCRIÇÃO PENAL

- **Conceito técnico-jurídico:** Perda, pelo Estado, do direito de punir (pretensão punitiva) ou de executar a pena (pretensão executória), em razão do decurso de prazo fixado em lei, contado de marcos determinados da persecução penal.
- **Base legal:** Código Penal, artigos 109 a 118, além do artigo 107, que inclui a prescrição entre as causas de extinção da punibilidade.
- **Enquadramento doutrinário:** Justifica-se pela perda de interesse estatal na repressão após longo lapso temporal, pela dificuldade probatória e pela função de segurança jurídica; os prazos variam conforme a pena abstrata ou concreta.
- **Aplicação prática:** Abrange prescrição da pretensão punitiva (antes do trânsito em julgado) e da pretensão executória (após a condenação definitiva), com regras específicas sobre início, interrupção e suspensão da contagem.
- **Observações críticas ou controvérsias:** A aplicação prática exige atenção a marcos interruptivos, alterações legislativas e à

distinção entre prescrição pela pena em abstrato ou em concreto, sendo fonte frequente de nulidades e debates recursais.

- **Remissões internas:** Ver também: *Extinção da Punibilidade, Coisa Julgada Penal, Pena, Segurança Jurídica.*

DECADÊNCIA

- **Conceito técnico-jurídico:** Perda do próprio direito material pelo seu não exercício no prazo legal ou contratual estipulado, independentemente de violação ou de resistência do sujeito passivo.
- **Base legal:** Código Civil, artigos 207 a 211 e diversos dispositivos esparsos que fixam prazos decadenciais específicos.
- **Enquadramento doutrinário:** Prazo, em regra, fatal e peremptório, que não admite, salvo exceções, suspensão ou interrupção; quando legal e ligado a direitos indisponíveis, pode ser conhecido de ofício pelo juiz.
- **Aplicação prática:** Frequente em direitos potestativos como anulação de negócio jurídico, exercício de opção, resolução contratual em certas hipóteses e direitos assegurados por prazo expresso em lei.
- **Observações críticas ou controvérsias:** A distinção prática entre prescrição e decadência influencia se o prazo pode ser

renunciado, suspenso ou interrompido e se o juiz pode reconhecer a extinção de ofício.

- **Remissões internas:** Ver também: *Prescrição, Direito Potestativo, Prazos*

LETRA Q

QUÓRUM DELIBERATIVO

- **Conceito técnico-jurídico:** Número mínimo de membros que devem estar presentes ou participar de uma reunião ou assembleia para que as deliberações ali tomadas sejam válidas e produzam efeitos jurídicos.
- **Base legal:** Previsto em constituições, leis orgânicas, estatutos sociais, convenções condominiais e regimentos internos de órgãos colegiados, variando conforme a natureza da entidade e da matéria a ser votada.
- **Enquadramento doutrinário:** Garante representatividade mínima e legitimidade às decisões, distinguindo-se quórum de instalação (para abrir a sessão) e quórum de deliberação (para aprovar matérias), que pode ser simples, absoluto ou qualificado.
- **Aplicação prática:** Fundamental em assembleias legislativas, câmaras de vereadores, conselhos administrativos,

assembleias de sócios e de condôminos, sob pena de nulidade ou anulabilidade das decisões se não observado.

- **Observações críticas ou controvérsias:** Em órgãos com alta taxa de absenteísmo, a exigência de quóruns elevados pode paralisar decisões relevantes, exigindo ajustes normativos e melhor governança interna.
- **Remissões internas:** Ver também: Assembleia, Estatuto Social, Maioria Simples, Maioria Qualificada.

QUEBRA DE SIGILO (BANCÁRIO, FISCAL E DE DADOS)

- **Conceito técnico-jurídico:** Medida excepcional que afasta, por decisão fundamentada de autoridade competente, o sigilo de informações bancárias, fiscais ou de dados, permitindo acesso a registros protegidos para fins de investigação ou instrução processual.
- **Base legal:** Constituição Federal (proteção à intimidade e ao sigilo de dados); leis específicas como a Lei Complementar 105/2001 (sigilo bancário) e normas tributárias que regulam compartilhamento de informações com autoridades públicas.
- **Enquadramento doutrinário:** Restrição pontual a direitos fundamentais, admitida

apenas quando necessária, adequada e proporcional à apuração de ilícitos ou à tutela de interesses públicos relevantes.

- **Aplicação prática:** Utilizada em investigações de crimes financeiros, corrupção, lavagem de dinheiro, fraudes tributárias, bem como em ações civis e execuções em que se busca localizar patrimônio oculto.
- **Observações críticas ou controvérsias:** Tribunais superiores exigem requisitos estritos, como indícios concretos de ilícito, delimitação de período, pessoas e contas, e fundamentação específica, sob pena de nulidade da prova e violação de direitos fundamentais.
- **Remissões internas:** Ver também: *Sigilo Bancário, Intimidade, Prova Ilícita, Proporcionalidade.*

LETRA R

RECLAMAÇÃO CONSTITUCIONAL

Conceito técnico-jurídico: Instrumento processual destinado a preservar a competência de tribunal ou garantir a autoridade de suas decisões e precedentes.

Base legal: Prevista em normas constitucionais, regimentais e processuais que estabelecem hipóteses de cabimento, legitimidade e procedimento.

Enquadramento doutrinário: É considerada ação ou sucedâneo recursal de natureza autônoma, voltada à tutela da ordem jurídico-constitucional e da eficácia vinculante de decisões.

Aplicação prática: Utilizada, por exemplo, quando decisão de órgão inferior desrespeita precedente obrigatório ou usurpa competência de tribunal superior.
Observações críticas ou controvérsias: Discute-se o risco de "recurso universal", a ampliação excessiva de cabimento e o impacto sobre a estabilidade da coisa julgada. **Remissões internas:** Ver também: *Competência, Precedente Vinculante, Súmula Vinculante, Coisa Julgada.*

RECURSO ORDINÁRIO
Conceito técnico-jurídico: Recurso previsto para impugnar decisões de determinados órgãos em hipóteses taxativas, com reexame amplo de fatos, provas e direito pela instância superior.
Base legal: Disciplinado em normas constitucionais e processuais que definem os casos em que cabe diretamente para tribunais, inclusive na justiça especializada. **Enquadramento doutrinário:** Integra o sistema recursal como via de controle

ordinário de decisões, diferindo dos recursos de fundamentação vinculada.
Aplicação prática: Exemplo típico é o cabimento contra decisões de primeira instância ou de órgãos específicos, conforme cada ramo da justiça.
Observações críticas ou controvérsias: Questiona-se a multiplicidade de vias recursais e a demora na tramitação, bem como o risco de uso meramente protelatório.
Remissões internas: Ver também: *Sistema Recursal, Duplo Grau de Jurisdição, Recurso Especial, Recurso Extraordinário.*

RECURSO DE REVISTA
Conceito técnico-jurídico: Recurso de natureza extraordinária destinado a impugnar decisões de segundo grau na justiça especializada trabalhista, com foco na uniformização de jurisprudência.
Base legal: Regulamentado em normas processuais específicas que delimitam seus pressupostos, como divergência jurisprudencial ou violação literal de lei ou Constituição.

Enquadramento doutrinário: É recurso de fundamentação vinculada, voltado à tutela da ordem jurídica objetiva e à isonomia na aplicação do direito.
Aplicação prática: Utilizado para submeter ao tribunal superior decisões de tribunais regionais que contrariem entendimento consolidado ou lei federal.

Observações críticas ou controvérsias: A filtragem rigorosa de admissibilidade e as sucessivas reformas legislativas sobre seu cabimento são temas constantes de debate.

Remissões internas: Ver também: *Recurso Ordinário, Uniformização de Jurisprudência, Súmula Vinculante, Precedentes.*

REGIME DE BENS

Conceito técnico-jurídico: Conjunto de normas que disciplina a titularidade, administração e partilha do patrimônio entre cônjuges ou companheiros durante a união e na sua dissolução.
Base legal: Previsto em normas de direito de família e direito registral que tratam de casamento, união estável, pactos antenupciais e efeitos patrimoniais.

Enquadramento doutrinário: Estrutura-se em regimes típicos (comunhão parcial, comunhão universal, separação, participação final nos aquestos) e admite convenções específicas.

Aplicação prática: Define, por exemplo, quais bens se comunicam, quem pode alienar ou gravar bens comuns e como se realiza a partilha na separação ou sucessão. **Observações críticas ou controvérsias:** Há debates sobre proteção do cônjuge vulnerável, eficácia perante terceiros e limites à autonomia privada nos pactos. **Remissões**

internas: Ver também: *Casamento, União Estável, Pacto Antenupcial, Sucessão.*

RESPONSABILIDADE CIVIL

Conceito técnico-jurídico: Dever de reparar dano decorrente de conduta ilícita ou de risco criado, abrangendo danos materiais, morais e, em certos casos, coletivos.

Base legal: Disciplinada em normas de direito civil, consumerista e legislação especial que tratam de ato ilícito, dano, nexo causal e excludentes de responsabilidade. **Enquadramento doutrinário:** Divide-se em responsabilidade subjetiva (com culpa) e objetiva (independente de culpa), com funções compensatória, preventiva e, em parte, dissuasória.

Aplicação prática: Abarca casos de acidentes, relações de consumo, responsabilidade estatal, responsabilidade profissional e danos ambientais, entre outros.
Observações críticas ou controvérsias: Discutem-se critérios de quantificação do dano moral, expansão da responsabilidade objetiva e limites da indenização punitiva. **Remissões internas:** Ver também: *Dano Moral, Dano Material, Nexo de Causalidade, Responsabilidade Objetiva.*

RESPONSABILIDADE PENAL

Conceito técnico-jurídico: Situação em que o agente, imputável e culpável, responde pela prática de fato típico e ilícito, sujeitando-se às sanções penais previstas.

Base legal: Fundada em normas penais gerais e especiais que tratam de crime, dolo, culpa, causas de exclusão de ilicitude e culpabilidade.

Enquadramento doutrinário: Pressupõe tipicidade, ilicitude e culpabilidade, com atenção a princípios como legalidade, pessoalidade da pena e dignidade da pessoa humana.

Aplicação prática: Envolve a persecução penal desde a investigação até a execução da pena, incluindo medidas alternativas e hipóteses de extinção da punibilidade

Observações críticas ou controvérsias: Há controvérsias sobre responsabilidade penal da pessoa jurídica, expansão do direito penal simbólico e seletividade do sistema.
Remissões internas: Ver também: *Crime, Dolo, Culpa, Pena, Política Criminal.*

LETRA S

SUCUMBÊNCIA (HONORÁRIOS SUCUMBENCIAIS)

- **Conceito técnico-jurídico:** Regra segundo a qual a parte vencida, no todo ou em parte, deve arcar com os honorários de advogado da parte vencedora e, em geral, com as despesas processuais.
- **Base legal:** Código de Processo Civil, dispositivos sobre honorários de sucumbência e distribuição das despesas.
- **Enquadramento doutrinário:** Decorre dos princípios da causalidade e da sucumbência: paga quem deu causa ao processo ou foi vencido na demanda; admite sucumbência recíproca quando cada parte ganha e perde em proporções relevantes.
- **Aplicação prática:** Abrange a fase de conhecimento, o cumprimento de sentença, a execução e os recursos, com possibilidade de majoração dos honorários em grau recursal.
- **Observações críticas ou controvérsias:** Há intenso debate sobre o cabimento de honorários contra a Fazenda Pública, contra beneficiário de justiça gratuita e sobre limites de percentual em causas de alto valor.
- **Remissões internas:** Ver também: *Honorários Advocatícios, Princípio da Causalidade, Justiça Gratuita, Custas Processuais.*

SÚMULA VINCULANTE

- **Conceito técnico-jurídico:** Enunciado aprovado pelo Supremo Tribunal Federal, com base em reiteradas decisões sobre matéria constitucional, que possui efeito obrigatório para todo o Poder Judiciário e para a Administração Pública direta e indireta, em todas as esferas federativas.
- **Base legal:** Constituição Federal, dispositivo que autoriza o STF a editar, revisar e cancelar súmulas vinculantes, mediante quórum qualificado.
- **Enquadramento doutrinário:** Instrumento de uniformização de jurisprudência constitucional, que transforma entendimento consolidado em norma de observância obrigatória, aproximando precedentes judiciais de fonte formal do direito.
- **Aplicação prática:** Vincula juízes e tribunais inferiores, bem como órgãos administrativos, que devem decidir em conformidade com o enunciado, sob pena de reclamação ao STF.
- **Observações críticas ou controvérsias:** Discute-se a tensão entre súmula vinculante e independência judicial, bem como a possibilidade de engessamento excessivo da interpretação constitucional.

- **Remissões internas:** Ver também: *Precedentes, Jurisprudência, Reclamação Constitucional, Segurança Jurídica.*

SEGURANÇA JURÍDICA

- **Conceito técnico-jurídico:** Princípio segundo o qual o direito deve oferecer previsibilidade, estabilidade e confiança aos cidadãos, evitando mudanças abruptas e contraditórias na interpretação e aplicação das normas.
- **Base legal:** Decorra da Constituição e permeia todo o ordenamento, especialmente nas regras sobre irretroatividade da lei, proteção à confiança, coisa julgada e prescrição.
- **Enquadramento doutrinário:** Liga-se à ideia de Estado de Direito e à proteção da confiança legítima, limitando a retroatividade de decisões e mudanças jurisprudenciais.
- **Aplicação prática:** Fundamenta modulação de efeitos de decisões, respeito à coisa julgada, limitação de revisões retroativas em matéria tributária, previdenciária e regulatória.
- **Observações críticas ou controvérsias:** A tensão entre segurança jurídica e correção/justiça das decisões é permanente,

sobretudo quando se altera jurisprudência consolidada.

- **Remissões internas:** Ver também: *Coisa Julgada, Prescrição, Modulação de Efeitos, Confiança Legítima.*

SIGILO PROFISSIONAL (ADVOCACIA)

- **Conceito técnico-jurídico:** Dever-poder do advogado de manter em confidencialidade informações obtidas em razão da relação profissional com o cliente, inclusive contra intromissões indevidas do Estado.
- **Base legal:** Estatuto da OAB e Código de Ética da Advocacia, além de garantias constitucionais ligadas à inviolabilidade das comunicações entre advogado e cliente.
- **Enquadramento doutrinário:** Não é apenas direito do profissional, mas garantia do cidadão à ampla defesa e à confiança no seu patrono.
- **Aplicação prática:** Restringe depoimento do advogado como testemunha sobre fatos de que teve ciência no exercício da profissão e limita acesso estatal a documentos de estratégia defensiva.
- **Observações críticas ou controvérsias:** Discute-se o alcance do sigilo quando o próprio cliente usa o advogado para fins ilícitos (como lavagem de dinheiro).

- **Remissões internas:** Ver também: *Ampla Defesa, Devido Processo Legal, Intimidade, Quebra de Sigilo.*

SOLIDARIEDADE (RESPONSABILIDADE SOLIDÁRIA)

- **Conceito técnico-jurídico:** Situação em que dois ou mais devedores são responsáveis, cada um, pela totalidade da dívida, permitindo ao credor exigir o cumprimento integral de qualquer deles, ou em que dois ou mais credores podem exigir integralmente a prestação.
- **Base legal:** Código Civil, dispositivos sobre obrigações solidárias.
- **Enquadramento doutrinário:** A solidariedade não se presume; decorre de lei ou da vontade das partes, distinguindo-se de obrigações simplesmente conjuntas e da responsabilidade subsidiária.
- **Aplicação prática:** Frequente em responsabilidade civil por atos de vários autores, garantias dadas por mais de um fiador e obrigações assumidas por consórcios de empresas.
- **Observações críticas ou controvérsias:** A repartição interna entre coobrigados e o direito de regresso após o pagamento pelo

devedor solidário são pontos sensíveis na prática.

- **Remissões internas:** Ver também: *Responsabilidade Subsidiária, Direito de Regresso, Obrigações Conjuntas.*

SUBSIDIARIEDADE (PRINCÍPIO E RESPONSABILIDADE)

- **Conceito técnico-jurídico:** Ideia segundo a qual uma instância superior, pessoa ou ente só deve intervir quando a instância inferior, o devedor principal ou o titular imediato não puder ou não quiser cumprir adequadamente seu encargo.
- **Base legal:** Aparece em normas constitucionais e infraconstitucionais, e em regimes de responsabilidade em que alguém responde apenas em "segunda linha".
- **Enquadramento doutrinário:** Em responsabilidade, indica que o responsável subsidiário só responde depois de esgotadas as possibilidades de cobrança do devedor principal; em direito público, orienta a repartição de competências entre entes.
- **Aplicação prática:** Presente, por exemplo, na responsabilidade trabalhista de tomadores de serviços e em modelos de atuação do Estado em relação à sociedade civil.

- **Observações críticas ou controvérsias:** A fronteira entre solidariedade e subsidiariedade em alguns regimes legais é tema recorrente de litígio.
- **Remissões internas:** Ver também: *Responsabilidade Solidária, Benefício de Ordem, Execução, Competência.*

SUCUMBÊNCIA (HONORÁRIOS SUCUMBENCIAIS)

- **Conceito técnico-jurídico**: Regra segundo a qual a parte vencida, no todo ou em parte, deve arcar com os honorários de advogado da parte vencedora e com as despesas processuais.
- **Base legal:** Código de Processo Civil, normas sobre honorários sucumbenciais e repartição das despesas.
- **Enquadramento doutrinário:** Relaciona-se aos princípios da causalidade e da sucumbência; admite sucumbência recíproca e majoração de honorários em instâncias recursais.
- **Aplicação prática:** Incide em sentenças, decisões em cumprimento de sentença, execuções e recursos, influenciando fortemente a estratégia de litigar ou compor.
- **Observações críticas ou controvérsias:** A cobrança de honorários contra o beneficiário

da justiça gratuita, e a limitação de percentuais em causas de elevado valor econômico, são temas intensamente discutidos.

- **Remissões internas:** Ver também: *Honorários Advocatícios, Justiça Gratuita, Custas Processuais, Princípio da Causalidade.*

SÚMULA VINCULANTE

- **Conceito técnico-jurídico:** Enunciado aprovado pelo Supremo Tribunal Federal a partir de reiteradas decisões sobre matéria constitucional, dotado de efeito obrigatório para o Poder Judiciário e para a Administração Pública.
- **Base legal:** Dispositivo constitucional que autoriza o STF a editar, revisar e cancelar súmulas vinculantes, mediante quórum e procedimento específicos.
- **Enquadramento doutrinário:** Instrumento de consolidação de precedentes, voltado a evitar multiplicação de processos idênticos e divergências na interpretação da Constituição.
- **Aplicação prática:** Obriga juízes e tribunais a decidir em conformidade com seu texto; a violação enseja reclamação ao STF para garantir observância.

- **Observações críticas ou controvérsias:** Há temor de engessamento da jurisprudência e de concentração excessiva de poder hermenêutico no STF, contrabalançado pela possibilidade de revisão e cancelamento.
- **Remissões internas:** Ver também: *Precedentes, Jurisprudência, Reclamação Constitucional, Controle de Constitucionalidade.*

LETRA T

TERATOLOGIA (DECISÃO TERATOLÓGICA)

- **Conceito técnico-jurídico:** Qualificação dada a decisão judicial extremamente aberrante, flagrantemente contrária ao ordenamento jurídico, à lógica ou à razoabilidade mínima.
- **Base legal:** Não há definição expressa em lei; trata-se de construção jurisprudencial e doutrinária para justificar controle excepcional de decisões.
- **Enquadramento doutrinário:** Usada para admitir remédios excepcionais (como habeas

corpus ou reclamação) contra decisões que, embora formalmente válidas, afrontam de forma grotesca o direito.

- **Aplicação prática:** Serve de fundamento para afastar óbices de cabimento de recursos ou ações constitucionais, quando o vício é tão grave que inviabiliza aguardar a via normal.
- **Observações críticas ou controvérsias**: O conceito aberto gera risco de banalização; sua invocação deve ser parcimoniosa para não esvaziar regras de competência e de preclusão.
- **Remissões internas:** Ver também: *Habeas Corpus, Reclamação, Nulidade, Competência, Preclusão.*

TÍTULO EXECUTIVO

- **Conceito técnico-jurídico:** Documento ou ato que confere ao credor o direito de promover execução forçada contra o devedor, por representar obrigação certa, líquida e exigível.
- **Base legal:** Código de Processo Civil, dispositivos que listam títulos executivos judiciais e extrajudiciais.
- **Enquadramento doutrinário:** Divide-se em título executivo judicial (decorrente de decisão ou acordo homologado) e extrajudicial (cheques, notas promissórias, contratos específicos etc.).

- **Aplicação prática:** Permite pular a fase de conhecimento, indo diretamente à execução, com atos de penhora, avaliação e expropriação de bens.
- **Observações críticas ou controvérsias:** Discute-se a extensão do conceito a documentos eletrônicos, contratos por adesão e instrumentos particulares com ou sem testemunhas.
- **Remissões internas:** Ver também: *Execução, Liquidez, Exigibilidade, Sentença, Título Judicial, Título Extrajudicial.*

TUTELA ANTECIPADA

- **Conceito técnico-jurídico:** Modalidade de tutela provisória que antecipa, de forma total ou parcial, os efeitos práticos da decisão final, antes do julgamento definitivo da causa.
- **Base legal:** Código de Processo Civil, normas sobre tutela provisória de urgência e de evidência.
- **Enquadramento doutrinário:** Inserida no gênero tutela provisória, fundada em urgência (risco de dano ou inutilidade do processo) ou em evidência (probabilidade muito forte do direito).
- **Aplicação prática:** Exemplo típico é a concessão antecipada de medicamento, restabelecimento de benefício, reinclusão em plano de saúde ou suspensão de cobrança indevida.

- **Observações críticas ou controvérsias:** A revogação ou modificação posterior exige cuidado para evitar dano irreversível e responsabilidade por prejuízos decorrentes de tutela indevidamente concedida.
- **Remissões internas:** Ver também: *Tutela Provisória, Tutela de Urgência, Tutela de Evidência, Liminar, Reversibilidade.*

TUTELA DE EVIDÊNCIA

- **Conceito técnico-jurídico:** Tutela provisória concedida independentemente da demonstração de perigo de dano, quando a probabilidade do direito é tão elevada que justifica a antecipação.
- **Base legal:** Código de Processo Civil, dispositivos que preveem hipóteses de tutela de evidência (abuso do direito de defesa, tese já pacificada em precedentes, entre outras).
- **Enquadramento doutrinário:** Distancia-se da tutela de urgência porque não se apoia no risco de dano, mas em situação probatória e jurídica que torne desnecessário aguardar a sentença.
- **Aplicação prática:** Muito utilizada quando há tese firmada em repetitivo, súmula ou entendimento consolidado, e a resistência da parte contrária é meramente protelatória.
- **Observações críticas ou controvérsias:** A linha que separa a evidência qualificada de

uma mera probabilidade comum é debatida na doutrina e na jurisprudência.

- **Remissões internas:** Ver também: *Tutela Provisória, Tutela de Urgência, Precedentes, Súmula, Litigância de Má-fé.*

TUTELA PROVISÓRIA

- **Conceito técnico-jurídico**: Gênero que abrange medidas jurisdicionais de caráter precário e reversível, concedidas antes ou durante o processo, para assegurar a utilidade do provimento final ou para antecipar seus efeitos.
- **Base legal:** Código de Processo Civil, parte que disciplina tutela de urgência (cautelar e antecipada) e tutela de evidência.
- **Enquadramento doutrinário:** Visa enfrentar a lentidão natural do processo, permitindo respostas rápidas em contextos de risco ou de direito fortemente demonstrado.
- **Aplicação prática:** Pode ser requerida em caráter antecedente ou incidental, e pode ser revogada ou modificada a qualquer tempo se alterados os pressupostos.
- **Observações críticas ou controvérsias:** A banalização de pedidos de tutela provisória gera sobrecarga de urgências e risco de decisões mal instruídas; por outro lado, sua ausência pode tornar o processo inefetivo.

Remissões internas: Ver também: *Tutela de Urgência, Tutela de Evidência, Liminar, Reversibilidade, Devido Processo Legal.*

LETRA U

ULTRA PETITA (DECISÃO ULTRA PETITA)

- **Conceito técnico-jurídico:** Decisão judicial que concede à parte mais do que foi pedido na inicial, extrapolando os limites objetivos da demanda.
- **Base legal:** Regras processuais que impõem ao juiz o dever de se manter adstrito ao pedido, sob pena de nulidade parcial da decisão.
- **Enquadramento doutrinário:** Relaciona-se ao princípio da congruência entre pedido e sentença; distingue-se de decisão extra petita (fora do pedido) e citra/infrapetita (aquém do pedido).
- **Aplicação prática:** A parte prejudicada pode recorrer para adequar a decisão ao que foi efetivamente postulado, mantendo-se, em regra, a parte válida do julgado.
- **Observações críticas ou controvérsias:** Debate-se até que ponto a interpretação

extensiva do pedido pode evitar a qualificação de uma decisão como ultra petita.

- **Remissões internas:** Ver também: *Princípio da Congruência, Extra Petita, Citra Petita, Nulidade da Sentença.*

ULTRA VIRES (ATOS ULTRA VIRES)

- **Conceito técnico-jurídico:** Atos praticados além dos poderes conferidos por lei, contrato social, estatuto ou mandato, em especial no âmbito de pessoas jurídicas e representantes.
- **Base legal:** Normas de direito civil, empresarial e administrativo que delimitam a capacidade de agir de representantes e administradores.
- **Enquadramento doutrinário:** Serve para discutir validade, eficácia e responsabilidade por atos que extrapolam os limites de poderes outorgados.
- **Aplicação prática**: Muito presente em casos de sociedades empresárias, órgãos públicos e mandatários que praticam atos além das atribuições.
- **Observações críticas ou controvérsias:** A proteção de terceiros de boa-fé, diante de atos ultra vires, é ponto sensível e varia conforme o regime jurídico aplicável.
- **Remissões internas:** Ver também: *Mandato, Representação, Capacidade, Responsabilidade Civil, Boa-fé.*

UNIFORMIZAÇÃO DE JURISPRUDÊNCIA

- **Conceito técnico-jurídico:** Mecanismo procedimental destinado a resolver divergências interpretativas sobre a mesma questão jurídica, produzindo decisão com efeito vinculante ou persuasivo reforçado no âmbito do tribunal.
- **Base legal:** Regras processuais que preveem incidentes e recursos específicos (incidente de resolução de demandas repetitivas, recursos repetitivos, entre outros).
- **Enquadramento doutrinário:** Voltado à isonomia e à segurança jurídica, buscando tratamento igual para casos iguais e racionalização da atividade jurisdicional.
- **Aplicação prática:** Usado quando há multiplicidade de ações com idêntica questão de direito, evitando decisões contraditórias e reduzindo litigiosidade em massa.
- **Observações críticas ou controvérsias:** Discute-se a tensão entre uniformização e independência do juiz, bem como o risco de engessamento da jurisprudência.
- **Remissões internas:** Ver também: *Precedentes, Súmulas, IRDR, Recursos Repetitivos, Segurança Jurídica.*

URBI ET ORBI (EXPRESSÃO LATINA)

- **Conceito técnico-jurídico:** Locução latina que significa “à cidade e ao mundo”, utilizada, por analogia, para indicar atos ou efeitos com abrangência geral, ampla ou universal.

- **Base legal:** Não há previsão normativa específica; trata-se de expressão cultural e retórica eventualmente empregada em linguagem jurídica e doutrinária.
- **Enquadramento doutrinário:** Aparece em textos jurídicos como metáfora para decisões ou normas com alcance amplo, muitas vezes em estilo mais literário.
- **Aplicação prática:** Pode ser usada em votos e textos doutrinários para enfatizar que determinada eficácia é geral, nacional ou erga omnes.
- **Observações críticas ou controvérsias:** Recomenda-se parcimônia no uso de latinismos para não comprometer a clareza da linguagem jurídica.
- **Remissões internas:** Ver também: *Erga Omnes, Latinismos, Interpretação Jurídica, Linguagem Jurídica.*

USUCAPIÃO

- **Conceito técnico-jurídico:** Forma originária de aquisição da propriedade ou de outros direitos reais pela posse prolongada, contínua, mansa e pacífica, com ânimo de dono, cumpridos os requisitos legais.
- **Base legal:** Código Civil, Constituição Federal e legislação especial que tratam das

diversas modalidades (ordinária, extraordinária, especial urbana, rural, familiar etc.).

- **Enquadramento doutrinário**: Instrumento de realização da função social da propriedade e de regularização de situações fáticas consolidadas ao longo do tempo.
- **Aplicação prática:** Muito utilizada para regularização de imóveis urbanos e rurais ocupados por longos períodos sem oposição, inclusive por via extrajudicial em cartório.
- **Observações críticas ou controvérsias:** A prova da posse qualificada (tempo, ânimo de dono, ausência de oposição) e a compatibilização com registros anteriores geram intensa litigiosidade.
- **Remissões internas:** Ver também: *Posse, Propriedade, Função Social, Registro de Imóveis, Usucapião Extrajudicial.*

ULTIMA RATIO (DIREITO PENAL)

- **Conceito técnico-jurídico:** Princípio segundo o qual o direito penal deve ser utilizado como último recurso de controle social, apenas quando outros ramos do direito se mostrarem insuficientes.
- **Base legal:** Não está expresso em dispositivo único, mas decorre da própria estrutura constitucional de limitação do poder de punir, associada ao princípio da intervenção mínima.

- **Enquadramento doutrinário:** Serve de critério político-criminal para orientar o legislador e o intérprete a não banalizar a criminalização de condutas.
- **Aplicação prática:** Fundamenta críticas a tipos penais excessivos ou desnecessários e sustenta a preferência por soluções civis, administrativas ou consensuais.
- **Observações críticas ou controvérsias:** Na prática legislativa, o princípio é frequentemente desrespeitado, com expansão constante do catálogo de crimes.
- **Remissões internas:** Ver também: *Intervenção Mínima, Princípio da Legalidade Penal, Proporcionalidade, Direito Administrativo Sancionador*

LETRA V

VACATIO LEGIS

- **Conceito técnico-jurídico:** Período entre a publicação de uma lei e o início de sua vigência, durante o qual a norma já existe, mas ainda não produz efeitos obrigatórios.
- **Base legal:** Disciplinada na Lei de Introdução às Normas do Direito Brasileiro e nas

próprias leis, que podem fixar prazos específicos de vacância.

- **Enquadramento doutrinário:** Instrumento para garantir conhecimento prévio da lei e adaptação dos destinatários, evitando surpresas e reforçando a segurança jurídica.
- **Aplicação prática:** Durante a vacatio legis, continuam a valer as normas anteriores; só após o prazo a nova lei passa a incidir sobre os fatos.
- **Observações críticas ou controvérsias:** Em situações de urgência, o legislador pode reduzir ou eliminar a vacatio legis, o que gera debate sobre qualidade legislativa e previsibilidade.
- **Remissões internas:** Ver também: *Vigência da Lei, Revogação, Irretroatividade, Segurança Jurídica.*

VEDAÇÃO AO RETROCESSO (PRINCÍPIO DA VEDAÇÃO AO RETROCESSO SOCIAL)

- **Conceito técnico-jurídico**: Princípio segundo o qual o Estado não pode, de forma arbitrária ou desarrazoada, suprimir ou reduzir o nível de concretização já alcançado de direitos fundamentais, especialmente sociais.
- **Base legal:** Extraído da Constituição, da força normativa dos direitos fundamentais e da proibição de evolução reacionária em matéria de proteção social.

- **Enquadramento doutrinário:** Funciona como limite à liberdade de conformação do legislador em políticas públicas, resguardando o núcleo essencial de prestações já asseguradas.
- **Aplicação prática:** Invocado em cortes constitucionais para invalidar medidas que extingam ou esvaziem benefícios e políticas sociais sem substituição adequada.
- **Observações críticas ou controvérsias:** Debate-se se o princípio é absoluto ou se admite recuos justificáveis diante de crises fiscais ou reestruturações de políticas públicas.
- **Remissões internas:** Ver também: *Direitos Fundamentais Sociais, Mínimo Existencial, Reserva do Possível, Proporcionalidade.*

VERDADE REAL (PRINCÍPIO DA VERDADE REAL)

- **Conceito técnico-jurídico:** Diretriz do processo penal segundo a qual o juiz deve buscar a reconstrução mais fiel possível dos fatos, com base nas provas regularmente produzidas, e não apenas na inércia ou na conveniência das partes.
- **Base legal:** Decorrem de normas constitucionais e processuais penais sobre instrução probatória, iniciativa probatória do juiz e necessidade de contraditório.

- **Enquadramento doutrinário:** Distingue-se da chamada "verdade formal" típica do processo civil, admitindo maior atuação oficiosa do juiz penal na busca de provas.
- **Aplicação prática:** Justifica a realização de diligências de ofício, complementação de provas e cautela na aceitação de confissões isoladas.
- **Observações críticas ou controvérsias**: Há tensionamento com o sistema acusatório e com garantias do réu, exigindo que a busca da verdade real não viole o devido processo legal.
- **Remissões internas:** Ver também: *Devido Processo Legal, Sistema Acusatório, Prova, Contraditório, Ampla Defesa.*

VIGÊNCIA DA LEI

- **Conceito técnico-jurídico:** Período em que a lei está formalmente em vigor e apta a produzir efeitos jurídicos sobre os fatos que regula.
- **Base legal:** Regras da Lei de Introdução às Normas do Direito Brasileiro e disposições específicas de cada lei sobre início e término de vigência.
- **Enquadramento doutrinário:** Relaciona-se com publicação, vacatio legis, revogação e irretroatividade, compondo o regime temporal das normas.

- **Aplicação prática:** Fundamental para definir qual lei incide sobre determinado fato, especialmente em direito penal, tributário e administrativo.
- **Observações críticas ou controvérsias:** Questões surgem em transições legislativas, leis temporárias e normas com cláusulas de vigência condicionada.
- **Remissões internas:** Ver também: *Vacatio Legis, Revogação, Irretroatividade das Leis, Direito Intertemporal.*

VINCULAÇÃO (EFEITO VINCULANTE)

- **Conceito técnico-jurídico:** Efeito pelo qual determinadas decisões, normas ou enunciados obrigam outros órgãos ou agentes públicos a segui-los, restringindo a liberdade de decidir em sentido diverso.
- **Base legal:** Constituição e legislação infraconstitucional que atribuem eficácia vinculante a decisões de cortes constitucionais, súmulas, precedentes qualificados e atos administrativos normativos.
- **Enquadramento doutrinário:** Associa-se à segurança jurídica, à isonomia e à racionalidade do sistema judicial, especialmente em modelos de precedentes obrigatórios.
- **Aplicação prática:** Manifesta-se em súmula vinculante, precedentes de recursos

repetitivos, decisões em controle concentrado de constitucionalidade e atos normativos administrativos.

- **Observações críticas ou controvérsias:** A expansão de atos vinculantes levanta debates sobre independência judicial, separação de poderes e engessamento da jurisprudência.
- **Remissões internas:** Ver também: *Súmula Vinculante, Precedentes Obrigatórios, Coisa Julgada, Segurança Jurídica.*

VIS ATTRACTIVA (VIS ATRATIVA DA FALÊNCIA OU DA RECUPERAÇÃO)

- **Conceito técnico-jurídico:** Expressão que indica a força de atração da jurisdição falimentar ou recuperacional sobre ações e execuções que envolvam o devedor em crise, concentrando a solução dos conflitos no juízo universal.
- **Base legal:** Lei de recuperação judicial e falências, que definem a competência do juízo da recuperação/falência para centralizar atos de execução e constrição patrimonial.
- **Enquadramento doutrinário:** Voltada a preservar isonomia entre credores, evitar corrida individual ao patrimônio e permitir tratamento organizado da insolvência.
- **Aplicação prática:** Execuções individuais, penhoras e alguns procedimentos passam a ser controlados ou suspensos em razão da vis attractiva do juízo da recuperação ou falência.

- **Observações críticas ou controvérsias:** Delimitar os limites dessa atração (especialmente diante de créditos fiscais, trabalhistas e garantias reais) é ponto de intenso debate jurisprudencial.
- **Remissões internas:** Ver também: *Juízo Universal, Recuperação Judicial, Falência, Concurso de Credores, Competência.*

LETRA W

WAIVER

- **Conceito técnico-jurídico:** Declaração ou cláusula pela qual uma parte renuncia, de forma pontual e específica, ao exercício de determinado direito ou faculdade, geralmente previsto em contrato.
- **Base legal:** Fundado na autonomia privada e nas regras contratuais, respeitados limites de ordem pública, boa-fé e normas cogentes.
- **Enquadramento doutrinário:** Difere de renúncias gerais ou definitivas; costuma incidir sobre exigências ou benefícios

específicos em operações financeiras, societárias ou de crédito.

- **Aplicação prática:** Usado para relevar o descumprimento de cláusula, prorrogar prazo, dispensar condição ou flexibilizar exigência em favor do devedor ou contraparte.
- **Observações críticas ou controvérsias:** Exige interpretação restrita, para não ampliar renúncia além do que foi expressamente pactuado, e não pode suprimir direitos indisponíveis.

Remissões internas: Ver também: *Renúncia, Autonomia da Vontade, Contrato, Boa-fé Objetiva.*

LETRA X

X (MARCAÇÃO DE ASSINATURA)

- **Conceito técnico-jurídico:** Sinal gráfico (como um "X") utilizado, em situações excepcionais, como forma de assinatura por quem não sabe ou não pode assinar de próprio punho, desde que acompanhado dos requisitos legais.

- **Base legal:** Normas civis e notariais que admitem firma por rogo ou assinatura a rogo, com testemunhas, quando o signatário é analfabeto ou impossibilitado.
- **Enquadramento doutrinário:** Visa conciliar a exigência de manifestação escrita com a proteção de pessoas com limitações de escrita, garantindo autenticidade por outros meios.
- **Aplicação prática:** Instrumentos particulares e atos notariais podem ser assinados por terceiro a rogo, com o "X" ou equivalente, desde que observadas formalidades reforçadas.
- **Observações críticas ou controvérsias:** O uso inadequado pode facilitar fraudes, motivo pelo qual a prática exige cautela de tabeliães, advogados e juízes.
- **Remissões internas:** Ver também: *Assinatura a Rogo, Capacidade, Prova Documental, Fé Pública.*
-

(PROCESSO ELETRÔNICO – MARCAÇÃO)

- **Conceito técnico-jurídico**: Indicação gráfica ou campo de seleção (checkbox, marcação em "X") em sistemas processuais eletrônicos para escolha de opções, juntada de peças, classificação e outros comandos.

- **Base legal:** Regulamentos dos tribunais e normas sobre processo eletrônico que disciplinam uso de sistemas informatizados.
- **Enquadramento doutrinário:** Expressa manifestação de vontade dentro de ambiente digital, integrando a prática de atos processuais.
- **Aplicação prática:** Marcação de tipo de petição, modalidade de recurso, indicação de justiça gratuita, prioridade, sigilo e outros atos.
- **Observações críticas ou controvérsias:** Erros de marcação podem gerar enquadramento equivocado e consequências processuais relevantes, exigindo atenção do usuário.
- **Remissões internas:** Ver também: Processo Eletrônico, Peticionamento, Assinatura Eletrônica, Atos Processuais.

LETRA Y

YIELD (TÍTULOS E INVESTIMENTOS)

- **Conceito técnico-jurídico:** Taxa de retorno de um título ou investimento, frequentemente relevante em contratos financeiros, de crédito e em litígios envolvendo rendimento pactuado.
- **Base legal:** Regras de direito financeiro, bancário e do mercado de capitais que estruturam remuneração, juros e encargos.
- **Enquadramento doutrinário:** Serve como elemento para cálculo de danos, revisão contratual e análise de abusividade em operações financeiras.
- **Aplicação prática:** Utilizado em contratos de investimento, debêntures, títulos de crédito e ações indenizatórias envolvendo perda de rentabilidade.
- **Observações críticas ou controvérsias:** A compreensão técnica da taxa de retorno influencia discussões sobre informação adequada e responsabilidade por riscos assumidos.
- **Remissões internas:** Ver também: *Juros, Taxa de Retorno, Contrato de Investimento, Mercado de Capitais.*

Y (GERAÇÃO "Y" – DIREITO DO TRABALHO E DIGITAL)

- **Conceito técnico-jurídico:** Referência sociológica à geração nascida em determinado recorte temporal, muitas vezes usada em estudos e decisões sobre relações de trabalho, tecnologia e ambiente digital.

- **Base legal:** Não há previsão normativa específica; a noção ingressa no direito por meio de análises de contexto social e econômico.
- **Enquadramento doutrinário:** Auxilia na compreensão de conflitos de trabalho, flexibilização de jornadas e formas contemporâneas de contratação.
- **Aplicação prática:** Aparece em pareceres, sentenças e estudos sobre teletrabalho, plataformas digitais e novas formas de prestação de serviço.
- **Observações críticas ou controvérsias:** O uso de categorias geracionais deve ser cuidadoso para evitar estereótipos e generalizações indevidas.
- **Remissões internas:** Ver também: *Teletrabalho, Plataformas Digitais, Relação de Emprego, Direito do Trabalho.*

LETRA Z

ZELADEIRA URBANA (ZELADORIA URBANA)

- **Conceito técnico-jurídico:** Conjunto de atividades de manutenção, conservação e limpeza do espaço público urbano, relevante para o direito administrativo e urbanístico.
- **Base legal:** Normas municipais e de direito urbanístico que regulam deveres do poder público quanto a limpeza, iluminação, pavimentação e conservação.
- **Enquadramento doutrinário:** Relaciona-se com o direito à cidade, meio ambiente urbano equilibrado e serviços públicos adequados.
- **Aplicação prática:** Envolve contratos administrativos, concessões e políticas de gestão urbana, podendo gerar responsabilidade por omissões.
- **Observações críticas ou controvérsias:** A insuficiência de zeladoria urbana costuma motivar ações civis públicas e responsabilização administrativa.
- **Remissões internas:** Ver também: *Serviço Público, Meio Ambiente Urbano, Responsabilidade Civil do Estado, Ação Civil Pública.*

ZELO FUNCIONAL

- **Conceito técnico-jurídico:** Dever de cuidado, diligência e probidade que orienta o desempenho das funções públicas por agentes e servidores.

- **Base legal:** Estatutos de servidores, leis de improbidade e normas disciplinares que exigem atuação eficiente e comprometida com o interesse público.
- **Enquadramento doutrinário:** Integra o conjunto de deveres éticos e legais da função pública, ligado a princípios como moralidade e eficiência.
- **Aplicação prática:** Falta de zelo funcional pode configurar infração disciplinar, improbidade ou responsabilização civil e penal.
- **Observações críticas ou controvérsias:** A linha entre mero erro e falta de zelo punível é frequentemente discutida em processos disciplinares.
- **Remissões internas:** Ver também: *Improbidade Administrativa, Dever de Eficiência, Responsabilidade Administrativa, Sanção Disciplinar.*

ZELO JUDICIAL

- **Conceito técnico-jurídico:** Dever de cuidado, atenção e diligência na condução do processo por juízes e servidores da justiça, visando à entrega adequada da tutela jurisdicional.
- **Base legal:** Princípios constitucionais do devido processo legal, duração razoável do

processo e eficiência, além de normas de organização judiciária.

- **Enquadramento doutrinário:** Expressa a responsabilidade institucional do Judiciário de assegurar decisões bem fundamentadas e prestação jurisdicional efetiva.
- **Aplicação prática:** Relaciona-se a prazos, saneamento processual, gestão de acervo e qualidade das decisões.
- **Observações críticas ou controvérsias:** A sobrecarga de processos e a falta de estrutura podem dificultar o pleno zelo judicial, gerando críticas à morosidade.
- **Remissões internas:** Ver também: *Devido Processo Legal, Duração Razoável do Processo, Organização Judiciária, Responsabilidade do Estado-juiz.*

ZELO PROCESSUAL

- **Conceito técnico-jurídico:** Dever das partes, advogados, juízes e auxiliares de atuar com cuidado, boa-fé e diligência em todos os atos do processo.
- **Base legal:** Códigos de processo, estatutos profissionais e normas de ética, que consagram boa-fé, cooperação e lealdade processual.
- **Enquadramento doutrinário:** Integrante do modelo cooperativo de processo, em que todos contribuem para obtenção de decisão justa e célere.

- **Aplicação prática:** Reflete-se na forma de postular, cumprir prazos, evitar manobras protelatórias e observar deveres de esclarecimento e informação.
- **Observações críticas ou controvérsias:** A violação do zelo processual pode acarretar multas, responsabilização e reconhecimento de litigância de má-fé.
- **Remissões internas:** Ver também: *Boa-fé Processual, Cooperação, Litigância de Má-fé, Sanções Processuais.*

ZELO CONTRATUAL

- **Conceito técnico-jurídico:** Dever de cuidado, diligência e lealdade na formação, execução e extinção dos contratos, em consonância com a boa-fé objetiva.
- **Base legal:** Código Civil e princípios gerais dos contratos, especialmente boa-fé, função social e equilíbrio contratual.
- **Enquadramento doutrinário:** Exige comportamento de proteção, informação e cooperação entre as partes, evitando danos desnecessários.
- **Aplicação prática:** Envolve clareza na redação, cumprimento pontual das obrigações e prevenção de riscos ao outro contratante.
- **Observações críticas ou controvérsias:** A falta de zelo contratual pode fundamentar responsabilidade civil, revisão contratual ou resolução por inadimplemento.

- **Remissões internas**: Ver também: *Boa-fé Objetiva, Responsabilidade Contratual, Função Social do Contrato, Inadimplemento.*

NOTA FINAL DA AUTORA

O Direito é instrumento de organização social, mas também de transformação.
Que esta obra contribua para uma prática jurídica mais consciente, técnica e responsável, fortalecendo o compromisso com a justiça, a legalidade e a dignidade humana.

ÍNDICE REMISSIVO – TERMOS PRINCIPAIS (A a Z)

8. **Antinomia Jurídica** – ver também: Hermenêutica; Hierarquia de Normas; Princípios Constitucionais; Revogação.
9. **Arbitrabilidade** – ver também: Cláusula Compromissória; Convenção de Arbitragem; Direitos Patrimoniais Disponíveis; Jurisdição; Sentença Arbitral.
10. **Astreintes (Multa Coercitiva)** – ver também: Cumprimento de Sentença; Execução Indireta; Obrigação de Fazer; Obrigação de Não Fazer; Tutela Específica.
11. **Ata Notarial (Meio de Prova)** – ver também: Cadeia de Custódia; Fé Pública; Prova Antecipada; Prova Digital; Prova Documental.
12. **Ativismo Judicial** – ver também: Controle de Constitucionalidade; Direitos Fundamentais; Judicialização da Política; Neoconstitucionalismo; Separação de Poderes.
13. **Bem de Família (Legal e Voluntário)** – ver também: Dignidade da Pessoa Humana; Execução; Impenhorabilidade; Moradia; Penhora.
14. **Bem Jurídico (Direito Penal)** – ver também: Crime de Perigo Abstrato; Intervenção Mínima; Ofensividade; Princípio da Insignificância; Tipicidade Material.
15. **Bem Público** – ver também: Afetação e Desafetação; Concessão de Uso;

Impenhorabilidade; Patrimônio Público; Usucapião.

16. **Benfeitorias (Necessárias, Úteis, Voluptuárias)** – ver também: Acessões; Despejo; Direito de Retenção; Posse de Boa-fé; Usucapião.
17. **Blindagem Patrimonial (e Limites)** – ver também: Desconsideração da Personalidade Jurídica; Fraude à Execução; Fraude contra Credores; Patrimônio de Afetação; Planejamento Sucessório.
18. **Bloqueio On-line (SISBAJUD / BacenJud)** – ver também: Execução; Impenhorabilidade; Penhora On-line; Exceção de Pré-executividade; Satisfação do Crédito.
19. **Boa-fé Objetiva** – ver também: Abuso de Direito; Deveres Anexos; Supressio; Surrectio; Venire contra Factum Proprium.
20. **Boa-fé Subjetiva** – ver também: Aparência Jurídica; Boa-fé Objetiva; Posse de Boa-fé; Registro de Imóveis; Usucapião.
21. **Caducidade** – ver também: Concessão de Serviço Público; Decadência; Encampação; Reversão de Bens.
22. **Capacidade Postulatória** – ver também: Jus Postulandi; Mandato Judicial; Pressupostos Processuais; Representação Processual.
23. **Carta Arbitral** – ver também: Arbitragem; Árbitro; Cooperação Judiciária; Medida Cautelar; SISBAJUD.

24. **Caso Fortuito e Força Maior** – ver também: Inadimplemento; Nexo de Causalidade; Responsabilidade Civil; Teoria do Risco.
25. **Causa de Pedir (Causa Petendi / Próxima e Remota)** – ver também: Coisa Julgada; Litispendência; Pedido; Petição Inicial; Teoria da Substanciação.
26. **Caução** – ver também: Contracautela; Execução Provisória; Fiança Bancária; Seguro Garantia; Tutela de Urgência.
27. **Cessão de Crédito** – ver também: Adimplemento; Notificação do Devedor; Sub-rogação; Títulos de Crédito.
28. **Chamamento ao Processo** – ver também: Benefício de Ordem; Denunciação da Lide; Intervenção de Terceiros; Solidariedade Passiva.
29. **Citação (Modalidades e Validade)** – ver também: Curatela Especial; Querela Nullitatis; Revelia; Teoria da Aparência.
30. **Cláusula Compromissória** – ver também: Arbitragem; Compromisso Arbitral; Kompetenz-Kompetenz; Contrato de Adesão.
31. **Lisura Eleitoral** – ver também: Abuso de Poder Econômico; Democracia Representativa; Inelegibilidade; Ação de Investigação Judicial Eleitoral.
32. **Locação Urbana** – ver também: Despejo; Fiança; Ponto Comercial; Purgação da Mora.

33. **Lucros Cessantes** – ver também: Danos Emergentes; Perda de Uma Chance; Perícia Contábil; Responsabilidade Civil.
34. **Mandado de Segurança** – ver também: Ato Administrativo; Controle Jurisdicional; Direito Líquido e Certo; Remédios Constitucionais.
35. **Usucapião (em geral)** – ver também: Posse; Propriedade; Função Social; Registro de Imóveis; Usucapião Extrajudicial.
36. **Ultima Ratio (Direito Penal)** – ver também: Intervenção Mínima; Legalidade Penal; Proporcionalidade; Direito Administrativo Sancionador.
37. **Vacatio Legis** – ver também: Irretroatividade; Revogação; Segurança Jurídica; Vigência da Lei.
38. **Vedação ao Retrocesso (Princípio da Vedação ao Retrocesso Social)** – ver também: Direitos Fundamentais Sociais; Mínimo Existencial; Proporcionalidade; Reserva do Possível.
39. **Verdade Real (Princípio da Verdade Real)** – ver também: Devido Processo Legal; Prova; Sistema Acusatório; Ampla Defesa; Contraditório.
40. **Vigência da Lei** – ver também: Irretroatividade das Leis; Revogação; Vacatio Legis; Direito Intertemporal.
41. **Vinculação (Efeito Vinculante)** – ver também: Coisa Julgada; Precedentes

Obrigatórios; Segurança Jurídica; Súmula Vinculante.

42. **Vis Attractiva (Falência ou Recuperação)** – ver também: Concurso de Credores; Falência; Juízo Universal; Recuperação Judicial; Competência.
43. **Waiver** – ver também: Autonomia da Vontade; Boa-fé Objetiva; Contrato; Renúncia.
44. **X (Marcação de Assinatura)** – ver também: Assinatura a Rogo; Capacidade; Prova Documental; Fé Pública.
45. **X (Processo Eletrônico – Marcação)** – ver também: Processo Eletrônico; Peticionamento; Assinatura Eletrônica; Atos Processuais.
46. **Yield (Títulos e Investimentos)** – ver também: Juros; Taxa de Retorno; Contrato de Investimento; Mercado de Capitais.
47. **Y (Geração "Y" – Direito do Trabalho e Digital)** – ver também: Teletrabalho; Plataformas Digitais; Relação de Emprego; Direito do Trabalho.
48. **Zeladeira Urbana (Zeladoria Urbana)** – ver também: Direito à Cidade; Meio Ambiente Urbano; Serviço Público; Responsabilidade Civil do Estado.

www.ingramcontent.com/pod-product-compliance
Lightning Source LLC
LaVergne TN
LVHW052111061026
849527LV00011B/564